大人的世界沒有容易二字

老楊的貓頭鷹——著

送給不想長大的大人和剛剛過期的小朋友。
歡迎來到大人的世界，它功利、俗氣、油膩、殘酷、麻煩不斷，
但是最終，你會愛上它的。

前言
歡迎光臨大人的世界

不知道從什麼時候開始，人生就像是按了快轉鍵。

帶著一點「急」，就好像全世界的鐘錶都在你耳邊「滴答滴答」響，就好像稍微放慢腳步就會錯過幸運女神的末班車。

又帶著一點「怕」，怕自己追求的是錯的，怕自己想要的來不及擁有，怕自己擁有的會突然失去。

還帶著一點「不甘心」，不甘心這輩子就這樣了，不甘心成為街上一抓一大把的庸人，不甘心活成了自己討厭的樣子。

在你心裡亂竄的，一邊是對成功的急切渴望，一邊是對悠閒的心馳神往。

你眼看著生命的「進度條」前進了不少，人生的劇情卻沒什麼發展。

你每天活在「我要落後了」的恐慌和「我不知道怎麼辦」的迷茫中，同時又沉淪在「我告訴自己要努力，就等於努力了」的三分鐘熱度裡。

你空有橫刀立馬和攻城掠地的雄心壯志，卻又因為害怕失敗而在立錐之地止步不前。結果是，你的野心總在深夜開始激昂，等到天亮又黯然收場。

讓你失望的，一邊是鋪天蓋地的孤獨，一邊是無福消受的熱鬧。

曾經一分鐘兩元的長途電話可以聊到「傾家蕩產」，如今一千多分鐘的免費通話卻不知道該打給誰。

你分享到動態的音樂，就像是遞出去的耳機，可惜沒什麼人想聽；你曬在社群平臺上的生活，就像單身狗發出的求偶訊號，可惜沒什麼人想接。

你的內心渴望被人理解，但你的行為經常被人誤會；你非常在意自己的感受，卻又過於注重他人的看法。

結果是，你置身於熱鬧的人潮之中，孤獨得就像是被P上去的。

撕裂你的，一邊是腦子裡的清流，一邊是現實中的逐流。

你討厭弄虛作假，憎惡馬屁精，不喜歡跟風、巴結、說大話，你的靈魂中始終奔騰著一股剛正不阿的清流。

但是，當你期待已久的機會出現時，你也想動用人脈，也想彎下腰向手握權力的人「致敬」，也想千方百計地用不那麼光明的方式「把握」住機會。

結果是，你一眼就能識破別人的是非對錯，卻掂不清自己有幾兩仁義道德。

讓你焦慮的，一邊是慢不下來的生活節奏，一邊是跟不上來的個人能力。

當年一起嬉鬧的朋友如今分出了三六九等，你握緊拳頭暗暗發誓，希望下次聚會時也能錦衣豪車，把某個錢多人煩的土豪比下去。

可是後來聽說了某某的「意外」或某天的「突然」，你開始唏噓，「萬貫家財也不過是黃土一抔」、「命裡有時終須有，命裡無時莫強求」。

結果是，你的靈魂被現實卡住了，生活卻被調成了兩倍速播放，於是你的內心和外表很矛盾，就像影音不同步。

讓你躊躇的，一邊是回不去的故鄉，一邊是到不了的遠方。

你曾經仰望星空，思考自己在宇宙中的位置，如今卻只會低頭皺眉，擔心自己如何在這個星球上活下去。

你想成為家人的避風港，卻突然發現自己也是一條船。你不知道終將去往何方，但此時已經在路上了。

結果是，你是故鄉眼裡的驕子，卻是這座城市的遊子。

讓你疲倦的，一邊是壓不下去的欲望，一邊是提不起來的精神。

你一共沒活多少年，卻像是活夠了的吸血鬼一樣，每天無精打采，還討厭曬太陽。

你的臉上沒了表情，靈魂沒了溫度，只剩下一副空洞的軀殼和一個在任何場合都不犯法的表情。

結果是，你二十出頭的年紀卻活出了七八十歲的孤寡。

讓你不安的，一邊是對現狀的無可奈何，一邊是對未來的不知所措。

你盼著有人能伸出援手，但清醒地知道誰都不行；你沒有變得很懂事，但是變得很能忍。

你每個月的第一天都會祈禱，「×月，請對我好一點」，然後生活對你比了個「耶」，反手就是一巴掌。

結果是，你每天早上出門時想著幹翻世界，每天晚上回家時已被世界修理得服服貼貼。

大人的無奈是：難過歸難過，想不通歸想不通，但不影響你必須接受。

誰不是一邊踉蹌前行，一邊重整旗鼓？誰不是上一句「媽的」，下一句「好的」？誰的心裡沒有幾個隕石坑？誰不是拿自由去換柴米油鹽？誰不是用青春的嫩枝煮著五斗米粥？誰不是用變形金剛一樣強勢的外表守著豆腐渣工程一樣的內心？

誰能真的掌控命運呢？無非是被生活推向一個一個的戰場時，先學會了咬緊牙關，再學會了全力以赴，最後學會了雖敗猶榮。

所以，不要貪心，也不要灰心，要努力發光，而不是等著被照亮。

不要怕無功而返，不要怕得不償失，不要一遇到麻煩就蹲在地上哭。

你要知道，很多高牆其實不是為了攔住你，它只是要你證明一下：你到底有多想到達目的地。

不要失去敬畏，不要丟掉原則，不要昧著良心。

你要記住，別人再怎麼「不是個東西」，也不該成為你「不是個東西」的理由。

不要以犧牲快樂為代價去維繫一段不鹹不淡的關係，不要以違背原則為代價去贏取可有可無的好感，不要把「不被要求的犧牲」看得很偉大。

你要明白，劇場的戲，什麼都是假的，只有觀眾是真的；而人生的戲，什麼都是真的，只有觀眾是假的。

你該怕的是被什麼潮流或者言論同化，變得醉心於比較、抱怨、憤懣或者躊躇，不去讀書，不去思考，不再上進，不能發現身邊的美好，只能任由時間流逝卻一事無成。

你只需努力過好你認為對的生活，但盡量不要跟別人強調什麼生活是對的。

你只需過好你覺得舒服的生活，但不要忙於告訴別人「我在幹嘛」。

你只需努力成為世界上最甜的那顆櫻桃，但同時明白這個世界總有人不喜歡櫻桃。

你要學會接受。

接受麻煩不斷是生活的常態，接受絕大多數的熱鬧都與自己無關，接受很多東西任憑怎麼哭鬧都無法得到，接受這個世界不是為自己準備的，接受自己在很多人的生命中無足輕重，接受自己不可能輕輕鬆鬆就成為理想中的大人。

你要試著和解。

與不如己意的現狀和解，與痛苦的過往和解，與與生俱來的完美主義和解，與三觀不合的親朋好友和解，與尚未熟悉的新角色和解，與突如其來的責任和解，與原生家庭的傷害和解，與麻煩不斷的親密關係和解，與貪婪的物質追求和詩意的精神追求之間的矛盾和解。

你要繼續努力。

為了在這個有時不講理的世界裡更體面、更有底氣地活著；為了當遇到喜歡的人時，除了一片真心，你還有可以拿得出手的東西；為了當好運降臨在自己身上時，你會覺得「我配」，而不是眼看著好事落在別人身上，然後憤憤地說「我呸」。

大人和這個世界默認的約法三章是：自己做決定，自己想辦法，自己承擔後果。

紀伯倫曾教我們七次鄙視自己的靈魂，而我則希望你能七次感謝自己的靈魂：

第一次感謝自己在機會均等時，沒有輕言放棄。

第二次感謝自己身處困境中，沒有輕易認輸。

第三次感謝自己在面對權威時，沒有輕易妥協。

第四次感謝自己在面對誘惑時，守住了底線。

第五次感謝自己在面對人情世故時，沒有變得虛情假意。

第六次感謝自己在人云亦云的潮流面前，沒有盲目跟風。

第七次感謝自己在屢屢面對生活的無聊或無奈時，依然積極且努力。

反正已經順利地降落在人間了，那就用熱愛佔位，憑實力為王。

只有一次的人生，要拿出點幹勁來啊！

願你的臉上永遠都看不出被生活為難的痕跡，願你心裡的海洋早日風平浪靜。

願你敢和生活頂撞，敢在逆境裡撒野，願理想主義的少年永遠不會向現實投降。

願你在零零碎碎的生活中找到專屬於你的稱心如意，願你漸入佳境的人生配得上這一路的顛沛流離。

願你那裡福地洞天，願你早日喪盡天晴。

老楊的貓頭鷹

二〇二一年六月六日，於瀋陽

目錄

Part 1 大人的世界沒有容易二字

1 大人的世界沒有容易二字 016
2 活成自己討厭的樣子，並不代表你活錯了 030
3 討好所有人，就意味著徹底得罪了自己 043
4 有笨蛋和你意見相左，並不意味著你就不是笨蛋 055
5 你要習慣站在人生的路口卻沒有紅綠燈的現實 065

Part 2 你也不過是一個剛剛過期的小朋友

1 人生是場體驗，請你盡興一點 078
2 大人的崩潰，最好是僅自己可見 089
3 祝世界繼續熱鬧，祝你還是你 101
4 自命不凡不等於你很優秀，瞧不起並不會讓你了不起 111
5 如果活著不是為了快樂，那麼長命百歲又有什麼意思 125

Part 3 小鹿亂撞是神明的拜訪

1 既許一人以偏愛，願盡餘生之慷慨 138
2 般配是愛情的成就，而不是前提 149
3 不要想著要感動誰，有些人的心靈是沒有窗戶的 163
4 世間所有的愛都是為了相聚，唯有父母的愛是指向分離 172
5 如果僅僅只是喜歡，就不要誇張成愛 185

Part 4 人和人之間還是見外一點比較好

1 散夥是人間常態，只有極個別是例外 198
2 要及時止損，才不會被混帳的生活得寸進尺 209
3 未知全貌，不予置評 221
4 謀生時別丟棄良知，謀愛時別放棄尊嚴 231
5 我見諸君多有病，料諸君見我應如是 242

目錄

Part 5 你是你夢想之路上唯一的高牆

1 每一個想努力的念頭，都是未來的你在向現在的你求救 254
2 欲望就像暴風雨，而自律就是指南針 267
3 世人慌慌張張，不過圖碎銀幾兩 281
4 不幸的人，一生都在治癒童年 293
5 聰明的極致是可靠，好看的極致是清白 303

Part 1

大人的世界沒有容易二字

◆大人的世界：萬般皆苦，唯有自度。

◆大人的關係：始於心直，毀於口快。

◆大人的願望：睡個好覺，身體健康。

◆大人的萬能解決方案：不行就算了。

◆大人的口頭禪：我太難了。

◆大人的日常：挺住。

1 大人的世界沒有容易二字

1

有兩組又好笑又好哭的對白：

「你是怎麼把生活弄得一團糟的？」

「正常發揮。」

「那接下來打算怎麼辦？」

「熬著。」

「你的心裡話一般都會跟誰說？」

「誰都不說。」

「那如果很難過呢？」

「忍著。」

越長大就越明白：萬事不如意才是天經地義。

2

大人的世界就是，一天沒有出現壞消息，就是天大的好消息。而橘子小姐難就難在，幾乎每天都會準時地出現壞消息。

在下班前的五分鐘，她常常接到老闆的通知，她特意強調，「老闆每次都特別客氣」。

如果是週一到週四，老闆會說：「企劃明天早上九點之前給我就行，辛苦你啦。」

如果是週五，老闆就會換一句：「這個企劃再改一改，週一早上給我就行，麻煩你了。」

大概是急火攻心，她前幾天發高燒了，獨自躺在不到三坪的租屋處，使出全身力氣燒了一壺熱水，再翻箱倒櫃地找感冒藥。吃完藥之後就一而再再而三地量體溫，盼著第二天早上可以元氣滿滿地回到工作崗位上和客戶「廝殺」，而這麼勵志的目的僅僅只是不因生病而被扣掉這個月的獎金。

讓她崩潰的是今天下班之前，她又被老闆請去喝茶了。

老闆要她模仿某個國際大牌的行銷文案，「要跟上最新的熱門話題」、「在各平臺的分享按讚量都要十萬加」、「要成為社群的爆紅商品」……

她當時想：「哇，提這麼高的要求，肯定是公司的重點商品，累一點就累一點吧。」

於是她問老闆：「這次的行銷預算大約是多少？」

結果老闆的眼睛都要瞪到眉毛上面去了：「這還要錢啊！」

氣得她都想問老闆的棺材是想要滑蓋的，還是翻蓋的。

可我安慰的話還沒說出口，就聽到她說：「沒關係的，都能熬過去的，像以往無數次一樣。」

大人的無奈是：難過歸難過，想不通歸想不通，但不影響你必須接受。

從懵懂無知到見識到功利世界的厲害，從不知天高地厚到知道叢林法則的殘酷，雄心壯志被現實打磨，生活的激情被零碎淹沒……會有無數杯冷水從頭淋下，有無數個瞬間心灰意冷，有無數次絕望想要繳械投降。

你很崩潰，但不能隨心所欲地當眾表達，不能影響工作和生活，也不能牽扯到身邊的人。

你很沮喪，但看起來很正常，會說笑，會打鬧，會社交。

你是故鄉眼裡的驕子，卻是這座城市的遊子。你想成為家人的避風港，卻突然發現自己也是一條船。

當另一半的聲調從抱怨升級為指責時，你會用僅存的理智掐滅摔手機的衝動，然後從茶几上挑一個最便宜的塑膠杯子，再狠狠地摔在地上。

因為你知道，只有它是摔不壞的。

當老爸因為偷偷喝酒而被緊急送去醫院，而三歲的孩子當著你的面把奶油蛋糕扣在布製沙發上，你會想著先把爛攤子收拾好了，再躲進廁所裡哭。

因為你知道，崩潰也需要「離峰出門」。

在外面受了天大的委屈，回到家還是得裝出一副「我沒事」的樣子，實在憋不住了，就悄悄地跟阿貓阿狗或者星星月亮們講。

因為你知道，它們不會擔心你，也不會把你的痛苦當成茶餘飯後的笑談。

被煩人的老闆折磨了兩個多月，你會選擇在看一部感人的電影時才哭出來；工作的壓力大到讓你寢食難安，你只有在球賽的現場才敢大聲喊出來。

因為你知道，大人的崩潰只能是靜悄悄的。

誰都有無法釋懷的愁苦，都有想丟下擔子不幹的衝動，但都會含著眼淚把晚飯好好吃完，都會心態崩了無數次然後勸自己要好好生活。

大人的世界就是：深夜療傷，清晨趕路。累，卻沒辦法停歇；苦，卻沒資格逃避。

既然必須站在大人的戰場上，那就要做好挨揍的準備。

要沉下心，要耐著性子，要懷揣著渺小的心願，要悄悄努力，以期逮住一兩個機會，可以揮出一記漂亮的右勾拳，然後把局面一點一點地扳回來。

生活的麻煩沒有盡頭，成長也因此永無止境。所以，樂觀來說，如果你感到頭疼，可能是在長腦子。

3

每次跟我傳訊息，范先生都是「報憂不報喜」。

他自稱做著一份「含金量不高，但含磚量極高」的工作，他說他的生活就像是由一連串的災難組成的。

他經常被客戶「虐待」，還傳過一副讓人哭笑不得的對聯給我。

上聯是：一天晚上，兩個甲方，三更半夜，四處催圖，只好週五加班到週六早上，七點畫好，八點傳圖，九點上床睡覺，十分痛苦。

下聯是：十點才過九分，甲方八則訊息、七通電話，六處調整，新增五張圖紙，四小時交三個文案，兩天週末只睡一小時。

最絕的是橫批：「用原來的。」

他說他承認自己「說話是有點不經大腦」，他也覺察到了自己在不知情的情況下得罪了很多人，但他不理解別人為什麼這麼脆弱。

他問我：「這些人怎麼就容不下這麼點小毛病呢？」

我回覆道：「問題可能不在於你的這個毛病小，而在於你其他的優點不夠大。」

他說公司裡開了兩小時的會議，只有最後那句「散會」是和他有關係的。

他說部門主管總是把吃力不討好的任務扔給他，而肥水多的差事都給了那些整天拍馬屁的傢伙。

他問我：「社會是不是就欺負我這種好說話的人？」我回覆道：「不，社會只欺負弱者。」

他說發完薪水就要還房貸、車貸，辛苦一個月了，錢在手裡還沒握熱，就沒了。

他說恨不得把「不要對我有期待」這句話貼在腦門上，但似乎每天都有人在為他加油打氣。

他問我：「為什麼別人都活得那麼容易，就我活得這麼辛苦？」

我說：「沒有誰活得很容易，只是有人在默默努力，有人在哭天搶地。」

沒有誰有閒工夫專門跟你過不去，生活向來都是麻煩密佈。

別人欺負你，不是故意跑去找你的碴，只是因為你太好欺負了，隨手就欺負一下；別人不把你當回事，不是別人的眼力有問題，只是對他而言，你毫無用處。

殘酷的現實是，生活不會因為你弱就心慈手軟，它只會因為你弱而再補一刀。生活打了你一巴掌，未必會給你一顆糖，它往往還會給你一拳、一腳，甚至一棍子。

沒有什麼否極泰來，也沒有什麼先苦後甜，糟糕和美好沒有必然的聯繫。

如果在糟糕的日子裡選擇渾渾噩噩或者束手就擒，然後寄希望於「明天會更好」，那麼你所謂的「好」，很有可能是「習慣就好」。

那麼你呢？

每次都能在成功人士的引導下鬥志昂揚，然後又在現實的細枝末節中萎靡不振。成功人士的光輝事蹟就像是在對你吆喝：「我的成功可以複製。」於是你讀了他所有的書，看了他所有的演講，研究了他整個人生。

可笑的是，你確實複製成功了，可不知道該往哪裡貼上。

工作、情感、交際一旦出現了問題，你的首選都是「算了」，然後安慰自己說「這不是我喜歡的工作」、「他不是適合我的人」、「我們三觀不合」……

最後連你自己都搞不清楚，自己是如何做到把事業和感情都耽誤了的。

實際上，一個人的滿意程度和辛苦程度大致上是匹配的。所以，錢賺得多的就別嫌苦，上班能滑影片的就別哭窮。

當你覺得自己處在人生的低谷期，一定要有清醒的認識：這絕不是人生的最低谷。兩千多年前的先哲們早就提醒過我們：不必為片刻的生命片段泣不成聲，我們整個人生都催人淚下。

4

那麼你呢？

早上出門，你擠進了沙丁魚罐頭一樣的捷運，車廂裡充斥著猙獰、爭吵和不耐煩。

男男女女為了多一點能側身的空間暗暗地較著勁，他們的表情就像在說：「別靠近老子。」

厚厚的粉底、精緻的妝容、剛洗的頭髮以及滑個不停的手機都無法掩飾他們的累與煩。

你曾發誓「絕不要成為這樣的人」，可此時卻身在其中，且動彈不得。

出了捷運，你鑽進了專屬於你的格子間，沒有什麼驚心動魄和疾風驟雨，但時間就像一把生鏽的鈍刀子，正「嘎吱嘎吱」地割著你的皮肉。

你猛灌咖啡，卻依然沒有靈感；你使勁地揪自己的頭髮，卻依然說服不了自己妥協。看著被主管改得亂七八糟的爛企劃，你恨不得把自己淹死在馬桶裡。

回到住處，你很晚睡，沒心思玩遊戲，也沒有心情閒談，一邊滑著自己的存款餘額，一邊惦記著愛而不得的人、前途未卜的命運、毫無頭緒的工作、日漸老去的父母……

你覺得自己一點都沒做好長大的準備，而那些責任、壓力就像是有人從背後硬塞給自己的一樣。

你很沮喪，已經過去的無法挽回，正在發生的無法安心，將要發生的無法預知。

你很為難，事關利益的問題，如果不拚命爭取，你就得不到，可一旦太用力，又顯得不可愛了。

長大的感覺就像是，你被現實搧了一巴掌，然後，它既不說話，也不道歉。

生活就像一位敬業的園藝師，一邊在你的身上施肥，一邊又在你的頭上除草。

它出的題就像是一次次漂亮的扣殺，你知道自己接不住那個球，可不接又有那麼多人看著。於是，你豁出去接了一把，結果球直接砸在你的臉上。

它玩的遊戲就像是鬥牛比賽，你很小心、很努力才能逮到機會騎在牛背上，但牛會拚命地把你甩下來，你只能用力握緊韁繩，夾緊牛背，沒有更好的選擇。

誠如亦舒在《嘆息橋》裡寫的那樣：「做不到是你自己的事，午夜夢迴，你愛怎麼回味就怎麼回味，但人前人後，我要你裝出什麼都沒有發生過的樣子。你可以的，我們都可以，人都是這麼活下來的。」

肚子裡不能只有懷才不遇的委屈和獨在異鄉的心酸，還可以加些麻辣小龍蝦或者牛肉丸比薩。

5

有個女演員，三十歲之前演的都是女一號，三十歲之後演的都是配角，但她的人氣不降反升。

當主角的時候，她說自己不用考慮太多，反正鏡頭都得對著她拍。但演配角的時候，她就反覆地斟酌臺詞、表情、動作，結果當配角得到的關注比當主角的時候還要多。

她說：「在這個流量為王的時代，不管是否覺得無奈，我都要去適應它，而不是控訴它。」

有個非常厲害的日本作家，經常引用他媽媽的一段話來勉勵世人：「當你遇到困難的時候，一心想逃跑，就真的會輸得很慘。相反地，你要是敢對困難說『有種你就放馬過來』，受到的傷害反而會很少。打架也好，生病也好，生活也好，畏畏縮縮就輸定了。」

遇到問題的時候，我們難免都會有「誰來救救我」的想法，但有很大的機率是不會有人來救你的。

你只有不遺餘力地提升自己的見識，打磨自己的核心競爭力，向你膜拜的人學習，朝著比你優秀的人看齊，你才會有足夠的底氣去面對生活的江湖，才會有足夠的能力去應對顛簸的餘生。

你只能自己去找好吃的、去買喜歡的東西、去泡個熱水澡、去好好睡一覺……等你存夠了精神，心裡面那個積極的自己就會主動跳出來對你說：「有什麼過不去的坎呢？況且你的腿還那麼長！」

很多高牆其實不是為了攔住你，它只是要你證明一下：你到底有多想到達目的地！

實際上，每個人的生活都是一道超出範圍的考題。你歇斯底里也好，自欺欺人也罷，所有的失戀、失業、失勢、失態都得自己攬著。

一旦你把「一帆風順」視為生而為人的權利，那麼各種失望就會接踵而來。

所以，你要做你這個年紀該做的事，比如：好好學習、努力工作、愛惜身體、拓寬視野、保持樂觀。

與此同時，還要做你這個年紀很難做到的事，比如：沉得住氣、低得下頭、經得起誘惑、耐得住寂寞、受得了起伏。

生活的強者，不是指能搞定一切困難，也不是指沒有恐懼，而是就算心裡藏著無盡的疲憊和委屈，還是會認真地做好手上的事情；就算自己被生活搥得心灰意冷，還是會盡心盡力地負起責任；就算發現現實與理想的差距有十萬里，雖然鞭長莫及，卻依然馬不停蹄。

大人和這個世界默認的約法三章是：自己做決定，自己想辦法，自己承擔後果。

6

有一陣子，一支名為《凌晨三點不回家》的短影片洗版了社群平臺。

一個女生獨自在昏暗的辦公室加班，老闆打來電話強調了這個項目的重要性。於是，她熬夜趕工，一開始是信心滿滿的，但電腦突然當機了，重開之後，所有的內容都沒了，她崩潰地寫下了辭職信。

但是，一想到臥病在床的父親，她刪掉了辭職信，然後從頭開始。

一個準備下班的護理師接到了丈夫的電話，說孩子高燒不退，要她趕緊回家，而此時又來了手術。

護理師擦了擦眼淚，只對丈夫說了一句「馬上物理降溫」，然後就鑽進了手術室裡。

一個經紀人在客戶和藝人之間斡旋，因為進度、場地和效果，她不得不向兩邊道歉，向兩邊賠笑臉，忙得連水都顧不上喝，抽空掃了一眼手機，卻看到了男朋友的分手警告。

而此時，客戶又不耐煩了，藝人也鬧情緒了，她直接關掉了手機，然後擠出燦爛的笑容繼續討好所有人。

大人的世界沒有容易二字。

誰不是今天在慌張裡謀生活，明天在辛勞中熬日子？誰不是一邊踉蹌前行，一邊重整旗鼓？

誰不是上一句「媽的」，下一句「好的」？

誰不是一邊為命運生氣，一邊化憤怒為力量地活著？

如果遇到一點事情就絕望，那未來那麼遠你怎麼扛？

所以，不要貪心，也不要灰心，要努力發光，而不是等著被照亮。

日子有時候就像一艘沉船，我們不僅要自己去找救生艇，還要學會在救生艇上歌唱。

比如，在街角的攤子前吃了一碗熱騰騰的麵，發現還是熟悉的味道。耳機裡突然播了你特別喜歡的歌，你忍不住跟著哼了起來；逛商場的時候看見零食正在打折，而且是你喜歡的那個口味。

過天橋的時候抬頭看見了一抹漂亮的彩霞，而你站立的位置恰好能拍到全貌。熬了幾小時做出了特別滿意的企劃，疲憊的臉上會露出得意的笑容。

在健身房裡揮汗如雨，看著自己一點一點地瘦下去了，備感輕鬆；回到家一開門，看見家人做好了晚飯正在等自己。

孩子數學得了滿分，老爸新學的小提琴拉得有模有樣……

這些細小的快樂和感動，足以擊退生活的圍剿追擊，將無盡奔波的日子變成熱氣騰騰的生活，讓你稍做休整然後有勇氣再赴戰場。

儘管現實有很多無奈，但不可否認的是，這是歷史上最好的時代，只要你能腳踏實地練就一個足以謀生的技能，你就有很大機率可以按自己喜歡的方式過一生。

儘管大人的世界並不容易，但不可推卸的責任是，你必須單槍匹馬往前走，為了讓在乎的人過得更好，為了讓夢想擲地有聲，也為了讓自己身心安頓。

每一條你艱難地走過來的路都有不得不那樣跋涉的理由，每一條你將要走下去的路也都有不得不那樣選擇的原因。你身在其中時會覺得苦不堪言，但熬過去之後就會覺得人間值得。

肯定會有不喜歡你的人，問心無愧的話，就加倍地不喜歡他吧。

肯定會有解決不了的麻煩，竭盡全力卻依然於事無補的話，就逃吧。

肯定會有浪費時間的交際，避免不了的話，就微笑吧。

肯定會有白費心思的努力，時間到了，就撒手吧。

肯定會有想不通的問題，天太晚了，就睡吧。

肯定會有無法解釋的誤會，說不明白的話，就大步往前走吧。

哪怕前面泥沙俱下，我希望你是那個在泥濘中玩得最開心的人。

願你那裡福地洞天，願你早日喪盡天晴。

2 活成自己討厭的樣子，並不代表你活錯了

1

一個十八歲的乖巧少年說，前幾天跟小混混發生了衝突，被三四個人壓在牆上搧耳光，但自己不敢還手，連罵都不敢。

他覺得自己太廢了，他說十八歲的蜘蛛人已經開始拯救世界了，而他卻在那裡被人搧耳光。

一個大三的學霸說，本以為上了大學會好過一點，但家裡窮得叮噹響，所以自己每個假期都在拚命兼職，可即便如此，她依然活得小心翼翼。

她說買一件過季的毛呢大衣就覺得是在向父母索命，吃一碗牛肉麵就覺得對不起十八代祖宗。

一個二十五歲的職場小白說，小學讀到閏土[1]的故事，以為自己是魯迅，可以洞察一切；後來覺得自己是閏土，越活越沒有人樣了；等大學畢業了，覺得自己可能是猹[2]，靠耍點小聰明苟且偷生。

而如今，在職場裡混了幾年，又覺得自己連猹都算不上，頂多就是個瓜，不是被人賣了，就是拿去餵豬。

一個心直口快的部門主管說，她其實一點都不善良，她希望討厭的人統統消失，希望罵她的人嘴巴爛掉……

她說她從來沒有真正原諒過誰，說原諒也只是為了讓自己看起來大方一點；她說她只是一個內心陰暗，還有點卑劣的普通人，卻要在討厭的人面前裝出一副人畜無害的乖巧模樣。

她說她討厭自己這副鬼樣子。

一個整天忙裡忙外的寶媽說，那個三天就能讀完五十萬字的言情小說，並釐清所有人

1 魯迅小說《故鄉》中的角色。
2 魯迅小說《故鄉》中出現的動物，喜歡吃西瓜。

物關係和愛恨情仇糾葛的腦子已經不是現在的腦子了。

她說她現在的腦子是，密碼忘記了，錯了三次之後重新設置密碼，結果系統通知：「新設置的密碼不能和舊密碼一致。」

一個三十多歲的大齡剩女說，她以前總以為，二十幾歲就會在大學裡當文藝青年，大學畢業了就可以遇到情投意合的另一半，三十歲之前就能在職場中混得風生水起……

她以為快樂的生活、穩定的工作、美好的愛情，都是成長的標配，是理所應當、自然而然的，現在卻慢慢意識到，其實一件比一件難。

一個小有所成的中年男人說，小時候特別喜歡踢足球，因為沒錢買裝備，所以沒讓上場；現在有錢了，卻要忙著養家糊口。

他說當大人可真是沒意思，眼看著電視裡曾經喜歡的球星一個個退役，而自己卻至今還沒撈到上場的機會。

少不更事的時候，每個人都可以又叛逆，又偏執，又天真，又專注，敢愛敢恨，有血有肉，外表不可一世，內心陽光明媚。

後來，當你與生活撞了個滿懷，長大和快樂變成了天敵。痛哭流涕卻無力回天，不想長大卻又無法避免，你真切地感受到了自身的渺小、淺薄、無知以及無奈。

於是，一路單槍匹馬卻舉步維艱的你，開始懷念那個一無所有卻能放聲大笑的你。

你開始嘲笑自己：「小時候真傻，居然盼著長大。」

可問題是，誰不是拿自由的靈魂去換柴米油鹽？

誰不是把青春的嫩枝燒了，去煮五斗米粥？

誰的心裡沒有幾個隕石坑？

誰不是用變形金剛一樣強勢的外表去保護豆腐渣工程一樣的內心？這雖然不是你想要的生活，卻是你必須面對的生活。

成長就是接受，接受麻煩不斷是生活的常態，接受絕大多數的熱鬧都與自己無關，接受很多東西任憑自己怎麼哭鬧都無法得到，接受很多的渴望都沒機會滿足，接受這個世界不是為自己準備的，接受自己在很多人的生命中無足輕重，接受自己不可能輕輕鬆鬆就成為理想中的大人。

2

大年三十的晚上，收到了一封很長的私訊。

他說他是兩個孩子的爸爸，每天都好累，從公司拖著一身的疲憊回到家，卻比較願意在門外待一會兒。如果妻子厲聲問起，就說路上塞車嚴重。

他說他沒做什麼虧心事，就是覺得活著挺沒意思。他說他曾經以為自己會是一個有擔當、有愛心的慈父，現在卻變成了每天下班只想睡覺的「飯桶」。

面對兩個精力無限、各種花式搞事的孩子，他無力親自調教，也不敢遷怒於他人。

他說他所有的收入都交給了妻子，全身的零用錢加在一起都不到五百塊，可妻子顯然並不滿意，不是抱怨房子太小了，就是說誰誰又買了學區宅。之前他還會反駁、會憤怒，現在只剩下失落。

他說他曾經是個一聞到菸味就捂鼻子走開的男孩子，現在卻能一根接著一根地往肚子裡吸。

他說：「活得像我這樣不開心，正常嗎？」

我說：「如果你經常覺得不開心，那麼恭喜你進入了大人的標準狀態。」

他問：「就沒有別的辦法嗎？」

我說：「先認命了再說。」

我說的「認命」，不是向生活繳械投降，而是認清自己當下能做什麼、該做什麼，然後提醒自己耐住性子面對眼前的兵荒馬亂。

工作很累總不能不做，愛情很煩總不能不管，家裡很鬧總不能不回。人生這道題，不管你怎麼選，不管在幾歲選，都會覺得很麻煩。

就好比說，幼稚園小班的小朋友早上還會哭咩咩地喊：「我不想上學。」

就好比說，你註冊了某個影片網站，不訂閱VIP，你得看廣告；訂閱了VIP，你得看VIP專屬廣告。

不要因為一時的不如意就對人生失去了耐心，你又不會只有這一時的不如意。就像是，不能因為數學不及格就輕易對學習失去信心，你又不只這一門功課不厲害。

你只有硬著頭皮，從鬧哄哄、黑壓壓、皺巴巴的生活風暴中穿過去，才有可能找到暖呼呼、笑盈盈的平靜。因為生活在帶給你麻煩和乏味的同時，也會給你見識、經驗、親情，以及瞭解世界的機會和重新認識自己的契機。

大人的世界已經沒有溫室了，活到如今這個歲數，誰都會被生活扒掉幾層皮。

那麼，一個人那麼努力地上學，解那麼多的題目，吃那麼多的苦，也不過是從一所平凡的學校裡拿到一張平凡的畢業證書，在一家平凡的公司做一份平凡的工作，然後嫁或者娶一個平凡的人，生養一個平凡的孩子……

既然註定了會活成自己討厭的這個鬼樣子，那為什麼還要折騰呢？

那是因為不甘心這輩子就這樣了，因為要給在乎的人更好的生活和更多的安全感，因為擔心現有的一切會被命運無情地收走。

因為曾被寄予厚望，所以不想有愧於人；因為如今身兼重任，所以不願有求於人。

而透過自己的努力折騰，同樣的人生，它會有不一樣的滋味；同樣的工作，你們會有不一樣的追求；同樣的家庭，它會有不一樣的情調；同樣的後代，他們會有不一樣的教養。

早晚有一天，你不可避免地會變成嘮叨的父母、察言觀色的下屬、不講情面的上司、沉默的看官、焦慮的大人……

但不同的是，你會俯身去聽孩子的心裡話，而不是像父輩那樣怒吼「你只知道哭」。你會在原則問題上再堅持一下，而不是像前輩那樣唯唯諾諾地說「全聽您的吩咐」。你會尊重別人的意見，而不是單方面強調「我是為你好」。你會靜候真相，讓謠言到你這裡停止，而不是言之鑿鑿地說「肯定是這樣」。你會試著靜下心來解決問題，而不是一遇到麻煩就皺著眉毛喊「真是煩死了」。

成長是一場無師自通的修煉，每個人都必須從喧鬧的人際關係裡學會孤獨，從在乎的人與事上學會擔當，從麻煩的生活中學會平靜。

3

早年大鬧天宮、誰都不服的齊天大聖，後來也變成了慈眉善目的鬥戰勝佛。

幼時大鬧龍宮，抽龍筋、扒龍皮的哪吒，後來也要去花果山捉拿那自由自在的猴子。

少不更事的時候，你不知人間疾苦，更多的是無知無畏和無憂無懼。

後來，你和生活逐一過招，劈頭蓋臉的都是遊戲規則、生存邏輯和世俗秩序。

你發現人生它不像電影，更像是電影散場後撒了一地的爆米花。

你發現不是每個人都會自然而然地變成理想中的大人，反倒是每件事都想把你堆砌成你討厭的大人。

你發現最痛苦的不是自己做錯了什麼，而是明明每一步都做對了，卻還是得不到想要的結果。

於是，很多人就認為自己活成了自己討厭的樣子，覺得自己正在被生活埋葬。

但是，當你經歷得再多一點，你就會發現，所有的經歷都是肥料而已。

比如，感情裡多了一些望穿秋水之後，你自然就知道適時撒手了；生活中有幾次忘穿秋褲之後，你自然就曉得關注天氣了。

所以，還想奮不顧身的，那就繼續奮不顧身，等你花光了「奮不顧身」，自然就會「三思而行」。

不要貶低成長的意義，隨著經歷的增長、見識的拓寬和責任的加重，你的某些能力確實會消失，比如，無人捧場的幽默、吃過暗虧的仗義、不被欣賞的信心、得不到回應的愛……

但與此同時，你還會長出新的本事，比如，無人捧場時學會了自娛自樂，吃過暗虧後學會了小心謹慎，不被欣賞時學會了一笑置之，得不到回應時學會了及時止損。

於是，你以前很看不起的事情，現在也會不知不覺就做了；你以前深信不疑的道理，現在也覺得不值一提了；你以前愛不釋手的東西，現在也不屑一顧了；你以前深惡痛絕的行為，現在也能釋懷了。

於是，曾經溫柔得體的女生慢慢變成了嚴厲的母親，曾經喝可樂的男孩泡起了枸杞；曾經以為只有遊戲、熬夜、追劇才叫快樂的男男女女開始將努力賺錢、陪伴家人、照顧自己當成了責任……

成長就是無數次面對現實的殘酷，三觀崩潰然後重建，信仰受挫然後堅定。

你需要面對生活的得失與起伏，從焦慮到平靜，從不甘到接受，從易燃易爆到和顏悅色，從灰心喪氣到心平氣和，直到學會把雞毛蒜皮過成風和日麗。

這預示著，你的人生邁向了新的階段，你的肩膀能扛起更重的責任，你的審美達到了新的高度，你日益增長的見識和日趨平和的心態，給了你明察秋毫的眼光和遊刃有餘的生活。

換言之，活成自己討厭的樣子，並不代表你活錯了，它僅僅意味著，曾經的你還沒有被生活打磨過。

4

人都是會變的，就像是被生活把玩久了，榆木桌子也能包出漿來[3]。

以前寧缺毋濫的A在幾次失望的戀情之後選擇了相親，另一半明顯不是他的理想型，但他們的日子貌似過得也還行。

以前常年穿襯衫和牛仔褲的B習慣了西裝革履的穿著，有人笑話他「人模狗樣」，他覺得那是個褒義詞。

以前喜歡怨天怨地怨空氣的C現在也知道替別人著想了，他意識到傾聽是件好事，並且再也沒有打斷過別人說話。

以前跟陌生人說話就臉紅的D現在可以跟人打屁了，他知道如何跟不熟的人搞好關係，也知道如何從沒意思的飯局上全身而退。

以前一點小事就炸毛的E現在也可以隨便開玩笑了，他的圓滑、克制和習慣性的微笑讓人眼前一亮。

以前不食人間煙火的F看到大媽在菜市場為了兩塊錢吵得不可開交時會覺得可笑，如今需要自己親自為柴米油鹽醬醋茶買單時也會偷偷地做筆記，以便學習那些大媽如何臨場

3 包漿，指古玩長年氧化形成有光澤的氧化層。

發揮出砍價的蓋世神功。

以前四體不勤、五穀不分的Ｇ變成了勤快的家庭主婦，她知道如何挑選最甜的西瓜、如何分辨扇貝新不新鮮，並且能夠在半小時搞出六個拿手菜來。

長大這件事情，既是剝奪，也是饋贈。它就像一筆一筆的交易——是拿你有的，換你想的。

比如，用樸素的童真和未經人事的潔白去換取人際關係的圓融與和諧，用不顧一切的勇氣去換大人世界的從容與平靜。

所以，以前任性到連薪水都可以不要，如今想休息一天都要考慮後果；以前看誰不爽就大吵一架，現在心裡都炸出蕈狀雲了還要面露微笑……

而這意味著，你終於活成了一個有責任感、有教養、有追求的大人，而不是一副沒有溫度的皮囊、一團混亂不堪的情緒、一堆難以把控的欲望。

年輕時是知恥而後勇，長大之後是知恥而後。所以，年輕時想要什麼都不為過，長大後放棄什麼也都能理解。

5

有一陣子，到處都能聽見那句歌詞「我還是從前那個少年，沒有一絲絲改變……」。

我想很多人可能理解錯了，人家想表達的是，心裡頭光明的信念沒有改變，敢愛敢恨的態度沒有改變，對明天一往無前的決心沒有改變，對世間不計得失的熱愛沒有改變，是不曾落俗的少年感和不曾妥協的少女心，是童心未泯，而不是一成不變地癱在爛泥塘裡。

長大是什麼感覺呢？

就是我們少年時愛過的球星、藝術家、明星都會慢慢退場或者先我們而去，我們只能眼睜睜地看著我們的黃金時代煙消雲散，然後接受我們變老的事實。

就是自己也沒覺得日子多苦，只是有人突然問你最近有什麼開心的事，你想了半天也答不上來。

就是眼看著人生的進度條所剩無幾，人生的劇情卻沒什麼發展。

就是既沒有活成自己喜歡的模樣，也沒有得到自己想要的東西，同時還失去了絕大多數的快樂。

另外的事實是：長大雖然有長大的難處，但也有長大的好處！

以前心直口快、有仇必報，慢慢變成了喜藏於色、厭藏於心的樣子。

以前喜歡炫耀和熱鬧，慢慢變成了不期待周圍人的回應，不在乎其他人的褒貶。

以前會覺得不顧生死地去愛一個人是超級浪漫的事情，還把傷口當勳章，現在知道愛自己多一點，就算再愛一個人，也知道小心去避免可能出現的傷害。

就算很多事情無法順著自己的意思，甚至是背道而馳，也能夠坦然面對，然後冷靜地去想下一步該怎麼走。

就算很多人無法理解自己的選擇，甚至是詆毀，也能很坦然，然後篤定地朝著既定目標推進。

就是好的和壞的都不會大肆渲染了，得意的和失望的也都不再賣力吆喝，而是學會了用平靜的方式面對不安的人生。

這意味著你學會了「和解」，與失戀的痛苦記憶和解，與與生俱來的完美主義和解，與三觀不合的親朋好友和解，與不擅長的新角色和解，與突如其來的責任和解，與原生家庭的傷害和解，與麻煩不斷的親密關係和解，與理性的崩潰和解，與貪婪的物質追求和詩意的精神追求之間的矛盾和解。

每一次和解都是一次巨大的挑戰，但每次走出來，迎接你的都是一個嶄新的世界。

慢慢你就會明白，每次生活遞到我們手上的麻煩，都是一封來自成熟的邀請函，可惜大多數時候，我們把它當成了帳單。

願你在零零碎碎的生活中找到專屬於你的稱心如意，也願你漸入佳境的人生配得上這一路的顛沛流離。

3 討好所有人，就意味著徹底得罪了自己

1

每次和張薇薇說話，就覺得她像一個做錯了事的丫鬟，正手足無措地站在人群中示眾。

她的敏感是奧運冠軍級的，不管多小的事情對她來說就像是十二床被褥下的那顆豌豆，能在她的身上和心上硌出印子來。

我看她坐得很拘謹，就指了指她面前的咖啡，她抿了一小口，但還是從嘴角漏了幾滴，然後手忙腳亂地抽衛生紙，又不小心碰掉了放在桌子一角的手機。

她說了好幾遍「不好意思」，之後總算是恢復了現場。

她抿了一下嘴唇，終於開口了：「我經常覺得被身邊的人冒犯到，我不知道這是什麼毛病。」

比如，中午不想出門，但如果有人要她陪著一起去吃午飯，她肯定會答應，內心卻很不情願去。

比如，有人請她幫忙帶午飯，如果加一句「你快去快回，我要餓死了」，她就會吃得很著急，然後一邊在心裡抱怨別人太過分了，一邊又火急火燎地幫人帶回去。

比如，她正在為這個月的房租發愁，卻沒有勇氣拒絕別人的借錢請求。

比如，吃一點辣的就會上火的她，卻在點菜時一個勁地說：「你們隨便點，我什麼都吃。」

她問我：「我是不是有問題啊？」

我說：「如果你的所作所為全都取決於別人的看法，那我覺得你很有問題。」

她又問：「那我該怎麼辦呢？」

我說：「閉上眼睛，問問自己：『我想要的是什麼？』不是鄰居想要什麼，不是朋友和同事想要什麼，不是長輩想要你要什麼，而是『我想要什麼』。」

事實上，世界上就是有人不喜歡香菜，不喜歡生薑，不喜歡韭菜，不喜歡紅蘿蔔……所以，有人不喜歡你，這很正常。

對討厭香菜的人來說，再優秀的香菜和再差勁的香菜是一樣討厭的。

一旦你丟掉了「希望人人都喜歡我」、「希望人人都理解我」這類想法，你的人生就會輕鬆一大截。

怕就怕，你一輩子都在為了某個無關緊要的人奉獻，為某件無足輕重的事糾結，為某個可有可無的身分犧牲，以此來取悅他人，然後一輩子都戴著面具做人、夾著尾巴生活，一輩子都學不會真誠，還誤以為這是和世界和解的方式。

但實際上，你只是與他人、與世界簽了一系列「喪權辱國」的不平等條約。人越在乎別人的看法，就越會忽略自己的感受；越忽略自己的感受，就越像木偶一樣拚命活給別人看。

我想提醒你的是，你不想去做的事，大多數都是你可以不做的事；你特別在意的地方，別人很可能連看都沒看到。

你覺得很嚴重的事情，別人可能覺得「也就那麼回事」。

你覺得「好丟人」的事情，別人可能會認為「那很正常啊」。

所以，放輕鬆一點，別人遠比你以為的還要不在意你。

那麼你呢？

什麼麻煩事，一找你就答應下來。

什麼好東西，一要你就馬上給。

什麼錯誤，一道歉你都原諒。

什麼傷害，一到你身上就全然接受。

你顯然是低估了人性的卑劣。因為人一旦習慣了擁有，就會忘記感恩；一旦習慣了某個人的大度，就會不再收斂。

別人誇你一句「酒量好」，你便不顧身體把自己喝得六親不認；別人誇你一句「好有錢」，你就省吃儉用也要對他人慷慨解囊；別人誇你一句「口才好」，你就不分場合地滔滔不絕。

你顯然是誤會了「好人」的含義，它僅僅意味著：你很方便和你很便宜。

我的建議是，不要以犧牲快樂為代價去維繫一段不鹹不淡的關係，不要以違背原則為代價去贏得可有可無的好感，不要總是強調「為了你」或者「因為你」，也不要把不被要求的犧牲看得那麼偉大。

切記，劇場的戲，什麼都是假的，只有觀眾是真的；人生的戲，什麼都是真的，只有觀眾是假的。

2

有人活得小心翼翼卻依然不受歡迎，有人看似目中無人卻活得有滋有味。我要說的是瞿姑娘。

經常有好管閒事的人問瞿姑娘：「你為什麼還不結婚，是因為恐婚嗎？」她的回答會很尖銳，就像在交響樂團裡突然吹響的嗩吶。

如果是年紀相當的人，她就反問：「你為什麼沒上清華，是因為不喜歡嗎？」

如果是倚老賣老的人，她就反問：「你為什麼沒住別墅，是因為不好整理嗎？」

瞿姑娘的簽名檔常年都是一句話：「你要是對我有意見，你就打電話給我，如果你連我的電話號碼都沒有，那你就不配對我有意見。」

我曾問過她：「你是故意讓大家討厭你的嗎？」

她笑呵呵地說：「真的不是故意讓別人討厭，我只是不在乎某些人是不是喜歡我。」她說她不想再討好誰了，因為她無須從別人的稱讚中得到力量，也不用在別人身上尋找安全感。

她化妝是因為今天想好看一點，而不是為了去赴某個人的約；她笑是因為她在享受某個喜悅的時刻，而不是為了表演給誰看；她哭是因為她在宣洩情緒，而不是為了被誰同情。

關於愛情，她說：「要像他明天就會出現那樣期待著，也像他永遠都不會出現那樣生活著。如果他來了，他一定會很高興看到如此快樂的我；如果他沒出現，我會很高興看到自己還能如此熱情地生活著。」

關於人際，她說：「我沒有義務去成全所有人對我的期待。我不是故意長成某些人滿意或者討厭的樣子的，所以我無須對他們的喜歡或者討厭負責。」

關於自己，她說：「我今年二十六歲，沒出過國，不會開車，買東西用的還是幾百塊錢的布袋子，但柴米油鹽都是靠我自己，沒欠過誰的錢，也沒虧待過自己，我覺得這樣的我挺『哇賽』的。」

很「哇賽」的活法大概是：對待自己，彬彬有禮；對待別人，遠近隨緣。至於他人的好感，有就當作錦上添花，無則獨自風情萬種。

別人有權選擇安穩或者平淡的生活，你也有權不選。

你不會一受委屈就想：「唉喲，工作太苦了，我找個有錢人嫁了算了。」

你不會一聽到長輩催婚就慌：「唉，年紀不小了，愛不愛不重要了，條件適合就結婚吧。」

因為你知道，自己只有一個一生，所以不會因為旁人的幾句玩笑、幾次不負責任的恐嚇就選擇狼狽入場。

因為你知道，暫時沒結婚而被指責「不孝」，總好過結了婚的「不笑」。

所以你有勇氣吹響口哨，掏出紅牌，將那些無端否定你、時常貶低你、喜歡消耗你、肆意誤導你的人罰出場外。

人不可能全然不顧外人的看法，但也不必淪落到活給別人看。

你不能透過別人的味覺找到適合自己口味的菜餚，就像你不能透過看別人舉重就長出肌肉來。

我的建議是，不要把自己置身於複雜而又自虐的關係中，要用力地跳出來。

因為有的人就是很壞，有的規則就是很蠢，有的要求就是有病，你改變不了的時候，就要趁早離這些東西遠一點。

放棄老好人的人設，放棄一定要贏的爭辯，少熬夜，少期待，少深究，少胡思亂想，以及原諒那個做不到前面幾點的自己。

人哪，還是得靠自己打磨自己，努力練出耐用的皮囊、夠用的本事、愛用的興趣，以及強大到混蛋的內心。

希望你決定結婚的理由，是你把一個人的日子過明白了，知道自己需要的不是一個飯友、旅伴或者一張結婚證書，而是一個相處舒服的戀人。

希望你決定生孩子，是因為你真心想要一個孩子，因為你發自內心地覺得這人間值得，想要介紹一個小朋友也來看看，並且不計回報，不求感激，還願意付上時間和精力，包吃包住包穿用，而不是因為迫不得已。

希望你對自己、對人生、對家人的一切計畫和安排都是出自「我好喜歡」和「我很樂意」，而不是「別人都那樣」。

3

羅永浩[4]轉行當帶貨主播之後，有個粉絲問他：「老羅，你會對現在的自己失望嗎？

4 中國科技企業家、英語老師。

在我的心裡，老羅不應該是一個主播啊！」

老羅的回答非常精彩：「失望？怎麼會呢，我在想各種辦法賺錢還債，做主播賺的又不是髒錢。我很佩服自己，不想還好，一想就肅然起敬，想求簽名那種……」

之後，老羅又一本正經了起來：「對我失望，我也能理解。我這一路走過來，都是按自己的興趣、責任、需求來選擇行業，從來不會在這些選擇上考慮粉絲的感受，要不然怎麼能一紅紅十七年呢？有些人認為網紅主播沒有手機公司老闆厲害，手機公司老闆沒有憤青知識分子厲害，這些都是他們的主觀感受，跟我沒有關係，也無關是非。」

取悅自己的好處是：就算你最終沒有成為更好的自己，但你可以更好地成為你自己。

忙著取悅自己的人往往活得很清醒，他絕不會把自己生活的評判標準交到別人手上，所以他不會有閒工夫去探究他人是如何看待自己的，也不在乎別人幾句輕飄飄的點評和建議，更懶得去扭轉他人對自己的糟糕印象，因為他知道：活著是為了做自己，而不是解釋自己。

就好比說，地球是圓的，在人類相信地球是平的的時代，地球也是圓的，地球才不管你信不信它呢！

對這樣的人來說，單單是能讓自己滿意、讓最在乎的那幾個人理解，就足夠讓他在午夜夢迴時笑出聲來了。至於其他人的不解、不屑、不贊同，隨大家的便。

反正解不解釋，他最後還是會繼續做他想做的事情；別人理不理解，他照樣會活成他喜歡的模樣。

那麼你呢？是不是經常被這些問題所困擾：

「不幫她的話，她會對我有意見吧？」

「三十歲不結婚，別人會覺得我是個怪胎吧？」

「長成這樣，他們一定很嫌棄我吧？」

「不參加這個聚會，他們會說我吧？」

我想提醒你的是，這個世界是不可能被討好的。

如果你停止了尖銳的批評，那麼你溫和的批評就會變得刺耳；如果你停止了溫和的批評，那麼你的沉默就顯得居心叵測。如果你的沉默被恭維取代了，那麼你恭維得不夠賣力就是心口不一。

做事不需要人人都理解，做人不需要人人都喜歡。與其去過別人嘴裡的「二手的生活」，不如去做真實的自己。

所謂「二手的生活」，就是輕易聽信別人的建議，被世俗的禁忌蒙蔽了視野，將某個人、某個小團體的見識當成了真理，最後過上了約定俗成的生活。

所謂「做真實的自己」，就是不再恐懼別人的評價，知道自己的優點和缺點是什麼。當別人批判得當時，你會點頭稱是；當別人批判不即時，你只會一笑置之。

如此一來，別人輸就輸在不像自己：思想是別人的意見，生活是別人的模仿，情感是別人的引述。

而你勝就勝在不像別人：做的是自己得意的事情，過的是自己得意的生活，愛的是自己得意的人類。

4

《超級演說家》[5]裡，劉媛媛的一段話曾讓無數人深思：「從小到大，我們都在聽著別人的聲音為自己的人生畫格子，左邊的這條線是『要學業有成』，右邊的這條線是『要有一份安穩的工作』，上面這條線是『三十歲之前要結婚』，下面這條線就是『結了婚就一定得生個孩子』，好像只有在這個格子裡面才是安全的，才被別人認為是幸福的。一旦你想跳出這個格子，就會有人說你搞事。」

於是，很多人老老實實蹲在格子裡，過著千篇一律的人生，選了那條無數人走過的路，看起來既穩妥又順利。

結果是，嘴裡喊著要做自己喜歡的自己，現實生活中卻賣力演著別人喜歡的自己。

人真的很奇怪：每個人愛自己的程度都超過了愛其他人，但重視其他人對自己的意見

5 中國首檔演講選秀節目。

的程度又遠超自己對自己的意見。

明明就不是合群的人，可一旦走進了人群中，你的自我就會頃刻間瓦解，然後卑微且賣力地變成別人期待的樣子。

明明就只是一次簡單的對話，你卻揪著字眼去猜對方的別有用心，所以對方回覆的句子「帶句號」和「不帶句號」是不一樣的，回覆「嗯」和「嗯嗯」也是不一樣的。

明明只是一句簡單的玩笑，你卻糾結於其中的某個貶義詞，然後收起好不容易累積起來的自信，退回到自己的保護殼裡。

明明知道那是一個不喜歡自己的人，卻為了改變他對自己的印象而拚命表現自己，又因為他的某句話、某個表情而失落、而難過，然後卑微地哀怨著：「我就知道我是個垃圾。」

類似的還有，明明只是去看了部電影，發表看法卻必須經過網路的指點。

明明只是一個沒那麼熟的朋友，無話可聊時居然那麼忐忑不安。

明明是個非常不想去的聚會，但如果沒有人邀請你，你就會抓狂……

生活有兩大盲點，一是活給別人看，二是看別人活。

而快樂卻有兩大祕笈，一是不把討厭自己的人當人，二是不想知道別人的閒事。

所以，如果你骨子裡是個冷漠的人，我建議你早一點學會獨處，而不是逼著自己熱情。

如果你骨子裡是個自私的人，我建議你多學一點真本事，而不是逼著自己大方。

如果你骨子裡是個自卑的人，我建議你多掌握一個興趣愛好，而不是逼自己變得受歡迎。

你要學會接受別人和自己的不一樣，同時也要保護好自己和別人的不一樣。

只有當你發自內心地喜歡自己，你才能擁有真正的快樂。而喜歡自己的大前提是，同時擁有「能做自己的本事」和「敢被討厭的勇氣」。

這世界有那麼多的條條框框，其實就是為了告訴我們不用格格都入。

不必擔心別人怎麼看自己，也不必老是忙著告訴別人「我在幹嘛」。一旦你為自己預設了觀眾，就會在瞬間失去自我。

最好的心態是，不與天鬥，不和人爭，比這些更重要的是，不和自己鬧彆扭。

一個善意的提醒：不管你有沒有接受那個「我是為了你好」的人的建議，他一定會在你出問題的時候再補一句：「你看吧，我當初說什麼來著。」

4 有笨蛋和你意見相左，並不意味著你就不是笨蛋

1

有時候，溝通的成本會大到讓人寧願被曲解。

比如，在雯子小姐的簽售會上，一位中年婦女突然發難，她指著臺上的雯子小姐大喊：「像你這樣的人也好意思自稱作家，好意思跑出來簽售？你寫的都是什麼禍國殃民的東西？居然好意思說是心靈雞湯，我看根本就不是煮過雞的雞湯，更像是雞在裡面洗過澡的洗澡水。」

雯子小姐制止了衝過去的保全人員，她微笑著問：「請問還有別的問題嗎？」

對方甩了一個凌厲的白眼，扔下一聲響亮的「呿」就離開了，而雯子小姐絲毫沒受影響，依然笑容滿面地跟每個讀者互動、簽名、握手、合照……

我後來「幸災樂禍」地問她：「怎麼沒發個飆呢？說不定能上個頭條，某知名作家怒轟黑粉……」

她笑著回覆道：「這麼點小事就想把我氣爽了，她是秋高嗎？不如在心裡默默地奉上

一句『就此別過，記得恨我。』」

最酷的處事態度莫過於：你可以隨便評價我，我聽得進去就算我輸。

被一些閒人質疑的時候，最傻的做法就是自證清白。

別人說：「你的臉是整形過的吧。」你就使勁地捏自己的下巴和鼻子給他看，然後反問對方：「假的敢這麼使勁捏嗎？」

你以為自己穩操勝券了，哪怕疼點都值得，結果對方又來了一句：「現在的整形科技這麼發達，也不好說。」

別人說：「你買的這個包包是假的吧。」你就翻箱倒櫃地找出購買發票，向他展示你的消費紀錄，然後反問對方：「假的能有發票嗎？」

你以為對方這就信了，雖然麻煩但也能忍，結果對方又來了一句：「發票也是可以造假的，不用幾塊錢就可以搞到。」

戴著有色眼鏡的人是沒辦法交流溝通的，他並不是真的要跟你交流感情，僅僅是想把他認定的東西、臆想的結論狠狠地砸在你身上，然後想盡一切辦法讓你不痛快。

他甚至連你是誰都不知道，僅僅是因為他那裡的天氣不好或者他今天被狗嚇到了，就對你猛烈抨擊。

他扮演的是人間的顯微鏡，總能在別人身上找出一點問題來。

他長年駐紮在道德高地的C位，哪怕是足不出戶，也可以把你氣到腦殼疼。

遇上這樣的破事和爛人，你只需臉上掛著微笑，嘴裡說「嗯嗯」，心裡說「你開心就好」。

微笑的作用是禮貌地表達「我們不熟，離我遠點」；「嗯」的意思是「你信也行，不信拉倒」；「你開心就好」的意思是「你開不開心，我真的無所謂」。

室友是認真魔人，要嘛少說話，要嘛假裝認同，要嘛把時間都用在自習室裡。

主管愛亂指點，要嘛跳槽，要嘛用出色的工作品質讓他閉嘴，要嘛積夠本事變成他的不可或缺。

同事喜歡說三道四，要嘛離他遠點，要嘛離是非之地遠點，要嘛努力比他優秀更多……

怕就怕，你知道繼續糾纏沒有意義，卻被氣昏了腦袋——「我就是看不慣他」、「我就是忍不住」、「我就是看到他會噁心」，所以，「我絕不能讓他舒服」、「我必須跟他硬拚到底」、「我要教他怎麼做人」……

當然了，這會證明你「不畏強權」，證明你「很有性格」……但是，也請你做好狼煙四起、歲月蹉跎、兩手空空的準備。

人生最大的敗筆就是，和沒意義的事情糾纏不清，和不值得的人一較高下。

2

看過一支很有意思的短影片。

一名男子收到一則語音訊息：「哥們，聽說你最近混得不錯，是不是真的啊？」

聽完之後，他就關掉手機螢幕了，旁人問他：「你怎麼不回啊？」

男子笑呵呵地說：「不知道該怎麼回，要是跟他說我混得好，他能氣死；要是說我混得不好，他能笑死，乾脆不回了，饒他一命吧！」

遇到這種「恨你有，笑你無，嫌你窮，怕你富」的人，最好的對策是：不要問，問就是「過得不好」；不要反對，反對就是「你贏了」。

因為你知道，某些人的問候並不是關心，更像是在卑鄙地試探；而你的避而不談也不等於無禮，僅僅是因為他還沒有資格讓你為他破壞自己的心情。

因為你知道，自己的生活重點是珍惜每一個當下，以此去鋪墊出自己想要的未來，而不是糾結一個與自己的未來毫無關係的人到底為什麼要跑來噁心自己。

因為你知道，這世上有那麼多明朗的東西值得欣賞，有那麼多想去的遠方值得奔赴，不能因為突然出現的不懷好意，就辜負了眼前的朗月或者晴空。

如果只是因為沙子迷了眼睛，就不再欣賞沿途的美景，那你的這趟人生之旅也未免太划不來。

對於這些不懷好意的人，如果一定要反擊，那最好的反擊就是：他受不了你的好，你就爭取活得更好。

比如，有人嫉妒你的氣質，那你就繼續保持好看的外表，而且要去健身、讀書、旅遊、修身養性，讓自己漂亮的同時，還很有才、有德、有趣。

比如，有人嫉妒你的能力，那麼你就繼續提升自己，去爭取更高的分數、更出色的表現、更高的榮譽，同時試著拓展興趣，變得更有人情味，讓自己不僅才華橫溢，還活得有滋有味。

不動聲色就能過去的事情，就不要浪費時間和精力去掰扯；能用實力碾壓的問題，就不要講狠話或者飆髒話。

不要因為受到指責就討厭任何人，因為你的討厭會讓他變得特別，還會影響你的判斷力。

不要因為百分之一的負面評價，就否定自己百分之百的努力，因為別人不必對你的人生負責，而你必須負責。

不要讓一次的情緒失控，就毀掉了半輩子修煉出來的翩翩風度，因為發脾氣的樣子真的很醜。

想對喜歡給人挖坑的人說，抹黑別人並不能證明你的清白，只能說明你的手很髒。

想對容易被言語激怒的人說，任何語言都不過是用嘴這個器官發出的一種聲音而已，跟屁的原理差不多。

切記，狗仗人勢，不是狗狂，是主惡；對牛彈琴，不是牛笨，是人蠢。

3

再講三個值得深思的小故事。

第一個是一組對話。

有人問大師：「怎樣才能獲得幸福？」

大師答：「不要和愚蠢的人爭辯。」

那個人反駁道：「怎麼可能？我沒覺得這樣就可以幸福啊！」

大師連連點頭：「是的，沒錯，你說得對！」

第二個故事是一則漫畫。

一條蛇散步的時候不小心被鋸子劃了一下，蛇就非常生氣，牠使勁地咬了鋸子一口，結果把嘴巴割破了。

蛇越想越生氣，覺得鋸子是故意在針對自己，於是盛怒之下，牠就用身體纏住了鋸子，牠越使勁纏繞，傷口就越大，最後生生地被鋸子「殺」死了。

第三個是一個電影片段。

在電影《讓子彈飛》中，老六因為被誣陷「吃了兩碗涼粉，只給了一碗的錢」，被逼無奈之下，老六當著眾人的面剖開了自己的肚子，然後從腸子裡撈出一碗涼粉，以此來證明自己沒撒謊。

世界上最浪費表情的事情莫過於：跟智者死纏爛打，跟笨蛋解釋真相。

人生在世，誰都會遇到類似小狗搶路的糟心事，讓牠先走就好了。

在你不屑一顧的、強烈鄙視的，或者是需要強忍噁心的人和事面前，認輸豈止是不丟人，簡直是光榮。

怕就怕，你明知道那是情緒的深淵，卻還要長久地凝視；明知道那是難纏的惡龍，卻還幻想著憑一己之力將其馴服，甚至幻想讓惡龍低下驕傲的頭顱，去親吻你的腳背。

敢問一句，到底是惡龍不乖，還是你太傻？

人很容易產生一種「救人」的錯覺，覺得別人說的不對，就想要「替天行道」。於是，一言不合就扛著一腦袋的「正義」衝過去，用不那麼體面的姿勢撕咬那個不符合自己三觀的人。結果是，以自以為很正義的方式賣力地磨損著自己。

事實上，你喜歡番茄炒蛋，他喜歡黑糖糕，不見得誰對誰錯了，也沒必要互相說服。

就好比說，「不談戀愛，屁事沒有」的勸告很難阻止躍躍欲試的年輕人，「抽菸有害健康」的警示也很難阻止上癮的菸槍。

所以，記住兩個「不要」：不要在別人的嘴裡苛責自己，也不要在自己的心裡苛求別人。

記住兩個「要」：要允許別人和自己不一樣，也要允許別人隨便是哪樣。

4

有個大朋友問我：「同事都很俗氣，天天只知道巴結上司，我不喜歡巴結，結果他們聯合起來排擠我，我該怎麼辦啊？」

我說：「繼續保持吧，你瞧不起他們的俗，他們當然也不愛理你啊。但是需要注意一點，他們只是俗而已，不是傻。你總不能因為自己清高，就怪別人沒反過來巴結你，這就不叫不媚俗，而是不懂事。」

誰都有年輕氣盛的時候，迷茫之中帶著點心高氣傲，受不了批評，看不慣權威，忍不了虛偽……

稍微遇到一點看不慣或聽不慣的，就馬上像一頭失控的獅子，不管誰靠近，都會胡亂撕咬，以為世人皆醉，唯我獨醒。

於是，今天因為這個人的語氣生悶氣，明天因為那個人的態度不好發脾氣，後天又因為團隊的效率問題怨聲載道……

結果是，你會把大把的時間都浪費了，把大好的青春都荒廢了。

如此說來，笨蛋貌似更容易快樂，因為一個人越笨，需要忍耐的人和事就越少。不像你，一下子就能發現自己吃虧了，然後還拿別人沒轍。

做人是挺難的。你過得很好，會有人眼紅；你混得很糟，會有人多嘴；你做得少，會有人鄙視；你做得多，會有人刁難；你高高在上，會有人說你不接地氣；你和藹可親，會有人說你土裡土氣。

但實際上，你並不需要全世界的理解，全世界也不可能全然地理解你。

你不喜歡的口紅有賣得超好的，你喜歡的書有賣不動的，你不喜歡的明星有大紅大紫的，你喜歡的電視劇也有不溫不火的。

你就喜歡你喜歡的就好了，你不能拿不喜歡的人和事怎麼樣，不喜歡你的人和事也不能拿你怎麼樣。

遇到意見不合的情況，你只需提醒自己五點：

(1) 別人不同意你的觀點，僅僅是不認同，不等於別人討厭你。

(2) 你不認同別人，僅僅是不能苟同，不代表別人就是笨蛋。

(3) 當你是少數派時，要有勇氣堅持自己；當你是多數派時，要有胸襟容下他人。

(4) 不要因為出發點是好的，就認為自己理應被人理解，實際上，別人沒有這個義務。

(5) 見賢思齊，見不賢就思自己！

在人群之中生活，最好的心態是：喜歡我的，我報之以喜歡；討厭我的，我付之一笑。管他命運給我安排了什麼樣的魑魅魍魎，我這顆心已全然準備妥當。

5 你要習慣站在人生的路口卻沒有紅綠燈的現實

1

你二十幾歲的年紀卻活出了七老八十的孤寡。

樂觀的時候會覺得：「滿懷希望就能所向披靡！」但沮喪的時候又覺得：「滿懷希望就會被削成馬鈴薯泥。」

你早上出門時想著幹翻世界，但晚上回家時已經被世界修理得服服貼貼。

就像是，你早上醒來的時候還是完整的五百塊，睡覺之前卻像一把找回來的零錢。

你的新陳代謝越來越慢，生活節奏卻越過越快。

你吃得大腹便便，卻又營養不良；你覽盡天下大事，卻又腦袋空空。

你喊著孤獨，卻又遠離人群；你盼著有人伸出援手，但又清醒地知道誰都不行。

你渴望被人理解，卻經常被人誤會；你非常在意自己的感受，但又過於注重他人的看法。

你並不甘心，卻經常妥協；你抗爭過，但杯水車薪；你並不舒服，但又不敢怎樣。

你間歇性地想明白了，但持續性地想不通；你對自己沒有的東西滿是覬覦，卻又對已經擁有的滿是懷疑。

你知道自己應該向前走，可你不知道該往哪裡去。焦慮的感覺，就像是新買的貓飼料還在送貨的路上，貓卻丟了；就像是在飲料機上接可樂，杯子馬上就滿了，可你找不到開關；就像是靈魂被現實卡住了，而生活卻被調成了兩倍速播放，於是你的內心和外表很矛盾，就像影音不同步。

2

學霸表弟突然傳訊息給我：「我真的不知道該怎麼辦了，每天都睡不著覺。」一到晚上，他就感覺大腦呈現出當機的狀態，要翻來覆去地把電耗完，才能精疲力竭地「關機」。

導火線是他大阿姨托人介紹給他的一份「好工作」。他特地強調了這份工作的「好」是「有前途、有錢賺、有面子」，唯一的麻煩是要求會法語。

所以，他報了一個法語速成班。他以為憑他的智商考個證書去應付面試沒什麼問題，可後來才慢慢發現：法語的發音和文法的難度遠超他的預估。

他每天纏著老師，問得最多的是：「這個句型重不重要？」、「這個句式會不會考?」、「你覺得我要學多久才可以考過?」、「我應該買什麼教材才能進步快一點?」、「我每天至少要做多少道題目?」

他說他不知道辭職的選擇對不對,不知道考試能不能過,不知道突然換行業會不會後悔……

他問我:「怎麼辦才好?」

我回答說:「你其實知道怎麼辦,因為你已經做出了選擇,你只是等不及了要一個明確的結果。但很多事情就像是解數學題,答案需要你一步一步地推算,你光是看著題目就想要正確答案,當然很難!」

讓你焦慮的,不是「我能不能如願以償」,而是「我能不能馬上如願以償」。

二十上下的年紀,你想要名校,想要房子、車子,想要滿分的戀人,想要掏心掏肺的知己,想要浪漫的旅程和過人的見識,想要高品質的生活和有意思的社交……

結果是,你買了一本本指點迷津的書,看完之後,迷津更迷了;你聽了一場場指點人生的演講,聽完之後,人生還是時時刻刻不知如何是好。

可問題是,你那麼年輕卻想窺覷整個世界,那麼浮躁卻想看透生活。

你白天算自己還有幾小時下班,晚上算自己還能睡幾小時的覺;你夜裡會因為白天什麼都沒做而焦慮,到了白天稍微一努力又會使勁喊累。

結果是,你的身體很想睡覺,因為又熬夜了,但你的大腦不肯睡,因為還有很多事沒解決。

學生時代，我們活在「確定」的世界裡：一篇文章只有一個確定的中心思想，一道數學題只有唯一的正解，四個選項中只有一個正確答案。

然而進入社會，每個人都被拋進了一個充滿了「不確定」的現實中：「工作這麼做行不行」不知道，「今天做的決定對不對」不知道，「我和他能不能走到最後」不知道，甚至就連「我明天在哪裡」也不知道。

很多問題沒有標準的參考答案，很多問題的參考答案只有一個字：「略。」

你分不清「狀況頻出的今天」到底是「糟糕的只有今天」，還是「一連串糟糕日子裡的某一天」。

你也分不清「此時的不順利」到底是「人生路上的某一處坑窪」，還是「人生就此走向下坡的開端」。

我的建議是，不知道正確答案就去試錯，不知道要什麼就先做點什麼，然後耐心等待。而不是兩手一攤地空等好運降臨，或者雙手合十地求菩薩保佑。

別妄想播下種子就馬上結出果實，別妄想熬了幾個夜晚就能取得別人努力了好多年的成績，別妄想用幾年的努力就想趕上別人幾代人的努力。

該花的時間還是得花夠，該吃的虧還是得吃到，該交的智商稅還是得交足，全世界沒有任何一家免稅店能免智商稅。

做人也好，做事也罷，我們該有的態度是：過程用心，結果隨緣。

但是很多人都用反了，變成了：過程隨緣，結果用心。

一個善意的提醒：不要把有抱負的緊迫感變成只爭朝夕的慌亂感，每個人都必須習慣站在人生的十字路口卻沒有紅綠燈的現實。

3

在一篇關於「執行力」的文章裡，有一段話生動地解釋了很多人焦慮的原因：

「還剩三個月，時間多的是，優哉遊哉；還剩兩個月，要開始努力了，晃晃悠悠；還剩一個月，繼續東搞搞，西搞搞；還剩兩週，開始慌了，終日惶惶；最後一晚，哭著罵著把工作將就地做完了。然後一邊罵著老闆，一邊心疼自己。」

其實，很多人的焦慮不是事情的難度帶來的，而是「總想逃避」帶來的；不是事情的緊急程度帶來的，而是「一直拖著」造成的。

那麼你呢？

你把寶貴的青春都浪費在猶豫和不安上，你夾在意氣風發和好吃懶做之間動彈不得，困在「不想認輸」卻「不知道怎麼贏」之中毫無辦法，你向前的每一步都是膽戰心驚的，就像是蒙著眼睛在懸崖峭壁上走鋼索。

你羡慕那些活得清醒明白的同齡人，羡慕他們一出生就像擁有了某種使命感，學生時期就知道自己該選什麼科系，畢業了就知道自己適合做什麼類型的工作，到談婚論嫁的時候就知道應該找什麼樣的對象。

而你就像一個臨時被喊上場的候補選手，完全不熟悉比賽的規則和教練的意圖，像一個白活了十幾二十年的、摔倒在地上哭的小朋友，還在等著誰的指點或者被誰拉一把。

就算什麼都不做，你也照樣很不安，因為你心裡的某個地方還想著束手無策的工作、毫無進展的感情，以及壓力山大的生活。

總之，想用生命這團火去烤點什麼的是你，擔心太快把自己燒沒了的還是你；慣著你的人是你，把你逼瘋了的人還是你。

我的建議是，吃飯的時候就敞開肚皮，聊天的時候就敞開心扉，吵架的時候就拉開架勢，努力的時候就沉下心來，一事一畢，萬事就都有了著落。

不開心怎麼辦？那就允許自己不開心一會兒。

對方不回覆怎麼辦？那就別再主動傳了。

求而不得怎麼辦？那就暫時不要了。

得不償失怎麼辦？先失了再說。

你要在一個接著一個的麻煩裡耐心地熬，逐漸找到跟生活對峙的方法，直到把肉身磨成鎧甲。

生活就像是打遊戲，作為新手的你，擁有的只是新手的武器裝備和技能，根本就沒必要提前著急將來會遇到什麼大怪獸。

你只需用心累積經驗，認真升級，先把眼前的小怪獸搞定就行了。

事實上，能夠立即起效的東西常常很難長久，比如，一見鍾情和心血來潮；而長久的東西往往不會立即見效，比如，埋頭苦幹和心平氣和。

一個人能夠做到平靜或者安心，並不是因為「永遠沒有糟糕的事情發生在他身上」，而是永遠相信：就算糟糕的事情會不斷發生，自己也都應付得來。

怕就怕，你浪費時間的時候就好像自己永遠都不會死，但規劃人生的時候又好像自己只能活到三十歲。

4

很多時候，你焦慮是因為突然發現命運根本不顧你的死活。

比如，課堂上老師突然說：「沒有人舉手的話，那我就點名了！」

比如，坐在你對面喝奶茶的同事突然問你：「你中午傳到群組裡的東西是不是傳錯了？」

比如，剛買新車的朋友問坐在副駕駛的你：「左邊是油門，還是煞車？」

比如，在一個稀鬆平常的早晨，戀人突然問你：「你是不是忘了今天是什麼日子？」

比如，你如釋重負地提交完企劃之後，甲方看了三秒鐘就回覆你：「感覺哪裡不太對。」

很多時候，你焦慮是因為你摸不清楚命運的意圖。

比如，面試的時候，你覺得自己表現挺好的，面試官的表情也貌似對自己很滿意，可最後聽到的結論是：「回家等通知吧。」然後，杳無音信。

比如，喜歡一個人的時候，你覺得對方哪裡都好，對方經常幫你按讚，可當你表白之後，卻聽到對方說：「對不起啊，我已經有喜歡的人了。」

又比如，提加薪的時候，你一邊扭扭捏捏的不好意思，一邊又覺得自己勞苦功高，甚至都想好了對策：「不加薪就辭職。」結果老闆的回應是：「公司培養你挺不容易的。」

還有很多時候，你焦慮是因為被人帶亂了節奏。

比如，打開社群軟體，你看見每個人都在升職加薪，在換房子車子，在結婚生小孩。

比如，打開抖音，你發現人人都是美女帥哥，沒事就唱唱跳跳、吃吃喝喝。

比如，打開問答網站，你覺得每個答主都是來自一流研究大學、常春藤，他們涉獵之廣讓你難以想像，而煩惱似乎只有兩個：不是錢多，就是太聰明。

一個經過了編輯加工和濾鏡渲染的熱鬧圈子為你營造一連串的錯覺，讓你覺得：「我必須馬上成為有錢人，我必須遇到一個滿分的戀人，我必須無所不知、無所不曉，我必須活成影片裡那樣幸福的樣子……」

但與此同時，它也給了你巨大的落差感，讓你自認為：「我活得還不夠精緻，知道得太少了，長得還不夠好看，臉還不夠完美，擁有的生活還不夠酷……」

然後，自慚形穢的焦慮逼著你把大量的精力都浪費在彌補所謂的「差距」上，鼓勵你熱情且悲壯地漂白自己、塗改自己、切削自己，逼著你把自己放進某個單一且畸形的潮流中，以期獲得幾個礙於情面的讚與誇。

它甚至還會逼著你陷入自責：

「我連神仙水都用不起，太對不起自己了。」

「我連樂高課都捨不得報名，太對不起孩子了。」

「我一年才回家一次，太對不起父母了。」

它還會讓你迷失：你站在人潮之中，卻不被人圍繞；你賣力地擠進熱鬧的社交圈，卻從來不是注意力的焦點；領跑的陣容裡沒有你的位置，你想坐的位置上坐的是別人。

但事實上，每個人都會有一兩門怎麼學也無法名列前茅的科目，會有一些怎麼想都想不通的糟心事，會有一些怎麼努力也達不成的目標，會遇見一兩個怎麼花心思都不能打動的人，會有那麼幾道怎麼使勁也撞不倒的高牆，會有無數個一腳踩空的尷尬瞬間……

每個人都是從沒有朋友、沒有客戶、沒有粉絲、沒有關注，甚至是沒有頭緒開始的。誰都是這樣。

所以我的建議是，把眼光放在自己身上，放在自己喜歡的事情上，接受自己「差到爆」的狀態和「衰到家」的處境，然後勤勤懇懇地付出努力，一點一點地收復命運的失地。

不要被「女人過了二十五歲就開始走下坡」、「三十歲的人已經被時代潮流淘汰」給唬住了。

不要因為「我都這麼老了，換工作、換行業也不會有什麼機會」，就打起了退堂鼓。

不要因為「再不結婚，我就永遠都不會結婚，我要孤獨終老了」，就為自己的人生噴了「定型液」。

「向前衝」並不適用於每個時刻，對某個暫時很頹喪的人來說，更重要的事情是「沉住氣」。

5

一個直播帶貨主播的焦慮是：「一旦我停播一天，粉絲可能就會被另外九千九百九十九場直播吸引住了，她可能第二天就不來看我了。」

一個臉書藍勾勾粉絲專頁的焦慮是：「以前一個段子好幾萬讚，現在只有幾百個了，而且一發文就掉粉。」

一個品學兼優的學生的焦慮是：「這次考了第一名，下次不是第一名可怎麼辦啊？」

一個考研究所失敗的女生的焦慮是：「要嘛是留在家鄉，由父母來安排工作、婚姻；要嘛是單槍匹馬去大城市闖蕩，感覺兩條路都像是懸崖。」

一個出了幾篇爆紅文章的官方帳號作者的焦慮是：「好像再也寫不出那麼紅的文章了，即便是花更多的時間、精力，即便文章的張力和深度比紅的那篇更勝一籌，也再也紅不起來了。」

一個部門主管的焦慮是：「我不知道爬到今天的位置，有多少是基於我的能力，有多少是基於運氣。」

一個廣告公司總監的焦慮是：「這個企劃好爛，甲方一定很喜歡。」

每個人都焦慮，一時的功成名就也不能保證一勞永逸，就像皇冠治不好頭痛。

但換個角度來看，焦慮也是好事，它是欲望的防腐劑，是生活的保鮮膜，是上進心的推進器。

你感覺「糟糕透了」的日子，可能是你人生中為數不多的「還想力爭上游、還想改變命運」的時刻。

你看不慣的、厭惡的、妒忌的、羨慕的，只是因為你在苛求完美，在追求進步，所以你無法忍受自己「還是現在這個鬼樣子」。

是的，你迷茫，是因為你還沒有認命；你焦慮，是因為你還不想認輸。

如果有一天，你覺得安逸了，再也沒有欲望去力爭上游，再也不敢有一絲一毫的不切實際的奢望，整天捧著手機嘻嘻哈哈，躺在床上昏昏沉沉，任由時間流淌卻毫無知覺，沒有激情，沒有希望，沒有想法，這才是最糟糕的。

就像是，當你不再為主人公的命運著急時，就說明你對這部電影沒什麼興趣了。

人原本是不知道焦慮的，可一旦有了夢想，有了想守護的人，有了想擁有的東西，人必然會焦慮。

就像是，冰塊本來是不怕融化的，但變成美麗的冰雕之後，就怕了。

你當然可以怕，怕被點名，怕衰老，怕肥胖，怕遺憾，怕來不及，怕遇人不淑，怕得不償失……

但，你已經是個大人了，你就該知道，生活的本質就是麻煩不斷。你必須去面對問題，去經營健康正向的情感關係，去做好能給你帶來成就感的工作，去挑戰心馳神往的生活目標，去維繫某個穩定且舒服的小圈子，去調整不受外界影響的平和心態。

誰能真的掌控命運呢？無非是被生活推向一個一個的戰場時，先學會了咬緊牙關，再學會了全力以赴，最後學會了雖敗猶榮。

我們這一生唯一所能駕馭的就是「自己」，所以最有意義的事情莫過於努力去優化「自己」，讓它載著我們去真正想去的地方。

人生海海，祝你有帆有岸。

Part 2

你也不過是一個剛剛過期的小朋友

◆ 你只需努力過好你認為對的生活，但盡量不要跟別人強調什麼生活是對的。

◆ 你只需過好你覺得舒服的生活，但不要忙於告訴別人「我在幹嘛」。

◆ 你只需努力成為世界上最甜的那顆櫻桃，但同時明白這個世界總有人不喜歡櫻桃。

1 人生是場體驗，請你盡興一點

1

每次見到年過七旬的周老太太，我就會心生感慨：「這個世界沒有大人，只有長皺了的小朋友。」

因為生活於她而言，不是年復一年地匆忙老去，而是日復一日地煥然一新。

養了一年多的母雞不下蛋，她就彎下腰去威脅那隻雞：「再不下蛋，今天就吃你！」然後當著那隻雞的面進了廚房，再當著那隻雞的面磨了好半天的刀。

散步的時候看見路中間橫著一塊石頭，她就插著腰對那塊石頭講了好半天的大道理，教訓完了，她才把石頭搬到路邊去，說是要讓石頭「心服口服地挪地方」。

和七十多歲的閨密玩撲克牌，贏了，她就拿水彩筆在閨密的額頭上畫烏龜；輸了，她就光著腳丫子往門外面逃。

看一個男生打籃球的姿勢特別帥，以至於每次扔垃圾都像投籃似的往垃圾桶裡扔，沒扔進去，就撿起來，再退回到之前的位置繼續投。

平時從不閒著，上午社交舞，下午詩歌朗誦，傍晚還時不時來個合唱團，比她上國中的孫子還要忙。

她愛喝咖啡，愛養花，愛餵魚，特別之處在於，她的每一個杯子、每一盆花、每一條魚都有專屬的名字。

以至於她的記事本上會這樣記錄：「今天用野鶴喝了咖啡，幫馬夫人澆了水，餵了大頭和水生新買的魚飼料。」

世界盃期間，她跟兩個兒子一起看球，全場都嘴巴不停：「傳啊，你倒是傳啊，唉呀，急死我了！」、「跑起來，快跑啊，你行不行啊，不行就換我上吧！」

輸球的那一刻，她激動地把跟了她三十多年的瓷杯摔了個稀碎，然後又像個小孩子一樣撒嬌，非要她兒子賠。

看孫子玩電子遊戲，她覺得挺有意思，就糾纏不休地逼著孫子教她，後來竟然玩得有模有樣，還給自己取了個網路暱稱叫「花季少女」。

有人私訊問她「多大了」，她如實回答：「七十多歲的人了。」結果對方說：「呿，我還一百歲呢！」

孫子問她：「您年紀一大把了，怎麼還像個小孩子似的？」

她回答道：「你們年輕人是『再不瘋狂就老了』，我這個年紀的人是『再不瘋狂就沒了』。」

天真跟年齡無關。有的人活到九十八歲還天真爛漫，有的人剛進幼稚園就老謀深算。

那麼你呢？

才活了十幾二十年，就像是活夠了的吸血鬼一樣，很難再為什麼人和事激動了，每天無精打采，還討厭曬太陽。

結果是，曾經一根棒棒糖就能擁有的快樂，現在要一間學區宅才能得到。

其實，一個人的衰老不是從長出皺紋開始的，而是從厭倦生活開始的。

同樣是一天二十四個小時，一年三百六十五天。有的人邋裡邋遢地過一天，又隨波逐流地耗一年，到年底回憶這一年時卻發現什麼都想不起來，就好像自己從一場昏睡中醒來。

有的人則活著很盡興，出門的時候會想著驚豔一點，工作的時候會爭取做好一點，吃喝玩樂的時候會想著過癮一點……

同樣是不能出門的日子，有的人哭天搶地：「太難熬了」、「我要悶死了」。

有的人則解鎖了新玩法：把沾了肥皂水的地板變成了跑步機，把鋪了瑜伽墊的客廳變成了健身房，把八個月大的嬰兒四捨五入之後變成了十公斤重的啞鈴……

這確實是一個你說了不算的人生，但這絲毫不影響你去做那些你可以說了算的事情。

比如，沒人為你準備節日禮物，那你就自己準備；沒人把你當小孩，那就自己把自己當小孩。

比如，沒有可以肆意揮霍的財富，但你可以有一兩個如癡如醉的愛好；沒有可以炫耀的愛情，但你可以有一兩個掏心掏肺的朋友。

哪怕還有三場考試在等著你，哪怕第二天早上還要一臉嚴肅地去成人世界裡廝殺，哪怕還要無數次熬到凌晨三點……

但這絲毫無法影響你給自己找盼望。比如：幾天後要去見誰、幾號有什麼展覽、幾個星期之後要吃什麼大餐、幾個月後有誰的演唱會……

這些讓你開心的人和事就像是上天派來的救星，足以幫你擋住生活的歪風邪氣和命運偶爾的不懷好意。

我理解的「童心未泯」，就是鮮活不懼碾壓，莽撞不問明天；就是和大人共事的時候是個值得信賴的大人，和小朋友玩耍的時候是個可愛的小朋友，看見阿貓阿狗的時候是另一隻阿貓阿狗，盯著一朵花的時候是一隻蝴蝶。

2

聽過一個故事，說一個人去世之後見到了上帝，上帝指著一個箱子對他說：「這是你能帶走的東西。」

他問上帝：「是我的遺產嗎？」

上帝說：「那些身外之物是屬於地球的，從來都不屬於你。」

他又問：「是我的軀體嗎？」

上帝說：「你的軀體屬於塵埃。」

他又問：「難道是我的靈魂？」

上帝說：「你的靈魂屬於我。」

他好奇地從上帝手中接過箱子，打開一看，裡面空空如也。他詫異地問：「難道我從未擁有過任何東西？」

上帝意味深長地答：「是的，塵世間沒有任何一樣東西是真正屬於你的，你的經歷和感受才是唯一屬於你的。」

也許有人會問：「既然塵世的一切最終都不會屬於我，那我為什麼還要努力呢？」

那是因為有很多美好的體驗需要時間、金錢、健康，以及知識。

沒有金錢和時間，你可能去不成遠方；沒有健康，你什麼都別想；沒有知識儲備，你可能讀不出來遠方的詩意。

所以，你努力賺錢，不過是為了用錢換取更多的體驗券；你追求更高的品味，不過是為了欣賞更多有品味的事物。

你努力鍛煉身體，不過是為了不被疾病束縛了皮囊。

你努力拓寬見識，不過是為了不受愚昧和短見的掣肘。

那人生到底要體驗什麼呢？

是不珍惜自己、不尊重他人的狂妄體驗嗎？是自欺欺人、自作聰明的虛偽體驗嗎？是縮手縮腳、瞻前顧後的糾結體驗嗎？是事不關己，高高掛起的麻木體驗嗎？是混吃等死，荒誕不經的放縱體驗嗎？是自我懷疑，耿耿於懷的痛苦體驗嗎？

不是的，是去談情說愛，然後體驗愛恨和別離。

是去爭取變優秀，然後體驗弱肉強食和「落後就要挨打」。

是去關注健康，然後體驗精神抖擻和「病來如山倒」。

是去腳踏實地，然後體驗「柳暗花明又一村」和「倒楣透了」。是去經營友情，然後體驗久別重逢和不歡而散。

很多人一輩子算好算滿也不過百年，再扣掉吃喝拉撒的時間，扣掉別人領獎時你在臺下鼓掌、別人玩遊戲時你在旁邊看、別人鬧出笑話了你在旁邊笑的時間，再扣掉失戀了難過、被人惹到了生氣、塞車了火大、被誤會了委屈的時間，以及幫孩子輔導功課、跟另一半吵得不可開交、跟父母苦口婆心、跟同事勾心鬥角、跟老闆鬥智鬥勇的時間，你還剩幾年？

與其整天糾結於人生的意義，不如用有限的人生多做一些有意義的事情。

所以，不要年紀輕輕就大喊「為人生做減法」，不要未經世事就說「活著真沒意思」，也不要等老了再去想「為什麼當初沒有勇敢一點」。趁一切還有可能，去撞撞高牆，不然你一輩子都會惦記「撞到高牆會怎樣」。

不要因為「做了跟沒做一樣」而懊惱，你該明白，很多事情，如果沒做，只會更糟。哪怕只是翻了一頁書，只是背了三個單字，只是跑了三十公尺，也遠比「覺得沒什麼用，就什麼都不做」要強得多。

要想搞懂生活，你就要去經歷它，你不能總是做一個分析利弊的人。

切記，成功的反面不是失敗，而是什麼都沒做。

趁著還有想法，趁著還有非常想要的東西，趁著還有喜歡的事情，一定要盡力、盡心、盡興，沒做過的事情要做一做，沒去的地方要去一去，沒有的東西要爭取一下，這才不枉來這人間走一回。

人生就像是一場漫長的煎烤，如果不順便來幾次ＢＢＱ，那未免也太浪費了。

3

大多數人以為人生是這樣：

一開始呱呱墜地，好好學習，終於畢業；然後找工作，找對象，結婚生子。

然後朝九晚五地上下班，小心翼翼地照顧別人的情緒，不圓滑地應付著人際關係。

然後買房、貸款、還債，變成賺錢的機器和無聊的大人。

然後孩子羽翼豐滿，自己日漸老去。
再然後孩子遠走他鄉，你和沒什麼話可聊的老伴相依為命；最後你去了另外的世界。
就這樣了嗎？不！
人生其實還可以是這樣：
你的誕生，被父母視為上天的恩賜；你第一次背上書包，興奮地摔了一跤。
你和好朋友打架，被老師「請」到教室外面，還要求你們倆手拉著手罰站。
你偷偷喜歡上了某個人，並很快結束了初戀。
你在畢業那天把帽子扔得很高，但鏡頭捕捉到的只是你翻的白眼和扭曲的表情。
你獨自去異鄉打拚，過節的時候難過地走了一段很長的夜路，起風了，你覺得自己像一片落葉。
你第一次開車的時候緊張得手心冒汗，並且很快就發現新車上出現了煩人的劃痕；你辛苦地裝扮著新房子，還買了一大堆沒用的小玩意兒。
你在婚禮現場緊張地背完了誓詞，還當眾親吻了對方的臉。
你半夜幫哭得撕心裂肺的小傢伙換尿布，蹭了便便也滿不在乎。
你半夜上完廁所回到床上，偷偷親了四十多歲的另一半。
你的健康亮起紅燈的時候，對方比你還要慌張，為此你賣力地跑步減肥，還吃了半年的素。

你和後輩們講自己過去的精彩時刻，並且非常享受他們的讚嘆。

你擔心子女的感情和事業，但他們最終都過上了你曾經不敢想的美好生活。

很多人活得就像一棵功利的植物，只顧著為自己澆水、施肥，然後盼著結果，但常常忘記了開花。

那麼你呢？

上學的時候盼著考上理想的大學，上了大學又盼著找到稱心如意的工作，工作了就盼著快點升職加薪，結婚生子了又巴不得小孩子快點長大成人，直到快死了才忽然發現：自己好像一直忘了要好好生活。

於是，你嫉妒那些得到了自己想要的東西的人，羨慕那些做了自己想做的事情的人，仰慕那些做了自己想都不敢想的事情的人。

我的建議是，你可以有發洩不出來的情緒，但不能耗在情緒裡；你可以暫時不順利，但不能自暴自棄；你可以比別人慢一點閃耀，但不能止步於什麼都沒幹；你可以晚一點擅長，但不能止步於不練習；你可以不被珍惜，但不能不愛自己。

就算你畫畫還是幼稚園水準，唱歌總是走音，寫東西文法錯誤一大堆，穿戴看起來沒有什麼品味，喜歡的電影沒幾個人看過，追的星非常小眾，玩遊戲的技能遠不如一個小學生……這都沒關係，無聊的世界正是因為有了像你這樣熱情的「蠢貨」，才顯得浪漫又好玩。

你只需記住，喜歡是一種享受，不應該成為負擔。

所以，不用緊張自己的愛好太小眾，既然喜歡小眾的東西，就不必在乎大眾的眼光。

不用擔心把喜歡的事搞砸了，任何你喜歡做的事情，都值得你「多搞砸幾次」。

4

人生或許不是你期待的那場宴會，但既然來了，就跟著起舞吧！

如果你沒有做點什麼去讓生活豐富，沒有努力去爭取一些什麼來讓自己精神抖擻，那麼你的生活註定會變得越來越不可理喻，越來越難以捉摸，越來越富有敵意。

無聊的不是你的人生，而是你的人生追求！

所以，不以交差的態度做分內的事情，不期待與身分不相配的關注，不亂用情緒去對抗，不表演給任何人看，也無所謂任何人的表演。

如果生活給你的是蜜糖，那就安享其成；假如生活給你的是考驗，那就披甲上陣。

其實每個人都一樣，都會愛錯幾個爛人，都會因為瑣事傷心沮喪，都會在某個難搞的問題上鑽牛角尖，但這並不影響我們去看看晚霞、吹吹冷風，以及吃點好的。

如果你能在最難熬的時候想得開、懂得吃、捨得穿、肯打扮，那麼你就不會亂。

出了門，就做一棵樹，陽光下努力出頭，黑暗中默默扎根。回到家，就做一朵花，開心時孤芳自賞，沮喪時悄悄合上。

願你敢和生活頂撞，敢在逆境裡撒野，願理想主義的少年永遠不會向現實投降。

希望我們最終能成為這樣的人：

有自己的愛好，不怕獨處；有自己的圈子，不怕排擠；有自己的堅持，不怕誤會。

不對自己的人生設限，但知道做人要有底線；有近乎盲目的樂觀，但沒有莫名的自大。

偶爾膽怯，但知道據理力爭；時常迷茫，但不蠅營狗苟。

總的來說就是，盡量保持好奇，盡量保持浪漫，盡量堅持原則，盡量守住初心，盡量誠實做人，盡量努力奮鬥。

2 大人的崩潰，最好是僅自己可見

1

章魚小姐說話很溫柔，給人的感覺是：就算天塌下來了，也可以坐下來慢慢聊。

父親被推進手術室的那天，她還在跟曾經最好的閨密打官司。

她先是去醫院見了醫生，平靜地聽完了醫生的分析和建議，然後平靜地在手術同意書上簽了字。

再然後，她把自己的房產資訊傳給了賣房子的朋友，再將所有的理財產品都換成了現金。

進父親的病房之前，章魚小姐在洗手間裡補了個妝，進屋就笑著對父親做鬼臉，還誇父親的氣色好：「你至少還能再活一百歲。」

父親問她中午吃了什麼，她調皮地掰著手指數：「一個冬蟲夏草蓋飯，一個軟炸鹿茸，一個爆炒熊掌，一個涼拌靈芝。」逗得父親哈哈大笑。

出了醫院，她又去見了律師，聽了幾段「前」閨密的錄音，再平靜地提交了自己的資料，然後馬不停蹄地趕去公司，一臉微笑地應付那個色瞇瞇的客戶。

再回到家時，天已經黑透了。她換鞋的時候特別想踢鞋櫃一腳，放下包包的時候很想給牆壁一拳，但想到現在是深夜，她忍住了。

她靠在沙發上，抱著自己，蜷成一團，然後一頓暴哭。

崩潰了大約十分鐘，她冷靜下來了，然後拿出電腦繼續工作。

我曾問過她：「那麼難熬的日子，是怎麼熬過來的？」

她樂呵呵地說：「那時候啊，有一股強大的精神力量在支撐著我，叫『水深脖子長』。」

是啊，誰不是玻璃心呢？只不過是有的人知道在心的外面裹上幾層隔音海綿，心碎一地的時候，沒有人聽見罷了。

大人的崩潰不像小孩子摔了一跤，會有大人來哄，大人的崩潰更像是被人丟進了海裡，無論往哪個方向掙扎，四周還是一片汪洋。

小孩子的特權是可以既蠢且不令人生厭，但大人還無知無畏、不知輕重，就會表現得既蠢且讓人討厭。

小時候哭哭啼啼，仗著面目可愛，會有人視為撒嬌，加倍對他們好；長大了還到處賣慘，卻忘了自己早就不同往日，就像是在徒勞地發出慘叫，根本就無人理睬。

大人的世界就是，沒有人必須幫你，沒有人必須理解你，你當眾崩潰，除了會讓家人難過，讓朋友擔心，讓對手暗爽，還會讓你陷在「我就是個失敗者」的消極情緒裡，繼而徹底喪失鬥志，失去翻盤的機會。

所以，不要把自己的軟弱公之於眾，不要把自己的狼狽逢人就說，也不要輕易地大動肝火。

與其陷入「為什麼我這麼可憐」、「為什麼沒有人喜歡我」、「為什麼沒有人幫我」，不如多看一本書，多跑五公里，然後快樂地感嘆一句：「還好沒有人來煩我。」

小時候總以為這個世界上只有祕密才不能說出來。長大了你就會明白，大人的委屈和難過同樣不能說出來。

關上門，你可以哭著蹲下去，可以滿地打滾，可以把桌子上的杯子都推到地板上。但是，一旦打開了那扇門，你就得笑著走出去，像什麼事情都沒有發生一樣，落落大方地出現在世人面前。

迷茫就去跑跑步，焦慮就去吃肉肉，難過就去聽聽歌，委屈就找個沒人的地方喊出來，孤獨就去花店裡買束花。

先把五官哄開心了，再去設法營救受困的靈魂。

真正的成熟是：有痛楚，但不輕易公之於眾；有情緒，但不頻繁地情緒化；有主見，但很少反駁他人；有社交，但不浪費時間在無效社交上。知道無人理解是常態，無人可說也是。

2

張先生的臉很長，而且嚴肅，不說話的時候就像復活節島上的石像。

但眼睛很好看，睫毛長得比某些小朋友的週末補習班還要密。

妻子懷胎第七個月的時候，突然被查出胎死腹中，我以為他會崩潰，因為他期待這個孩子很久了，但他沒有崩，還跟我開玩笑：「這孩子大概是下凡的時候忘記帶鑰匙了！」

跟老闆沒日沒夜地幹了九個月，老闆突然就跑路了，毫無徵兆地捲走了公司的一切，還留下了一堆債主。我以為他會崩潰，因為老闆曾經允諾了很多很多，他也為公司付出了很多很多。但他沒有崩，還一臉輕鬆地跟我說：「哈哈，老闆這是想方設法地讓我做老大啊！」

平日裡精神抖擻的老父親突然去世了，我以為他會崩潰，因為他前陣子還打算帶父親去泰國潛水，他說這輩子欠父親太多了。但他沒有崩，平靜地為父親辦了後事，全程沒有掉一滴淚。

我的第一反應是：「這人也太能扛了吧？」

我的第二反應是：「這人是沒長神經嗎？」

然而之後的某天，我們幾個人一起吃火鍋，有人夾丸子沒夾住，丸子在火鍋裡砸出了巨大的「水花」，張先生的白色襯衫直接「掛了彩」。

那個人趕緊起身道歉，結果張先生居然哭了，眼淚啪吖啪吖地往下掉，然後起身去了洗手間。

所有人都傻了，當他再回來時，滿臉堆著笑，但眼睛是紅的，他生硬地解釋道：「剛才不好意思啊，咬到舌頭了！」

過了好幾個星期，他主動跟我提起這件事：「其實那天我沒有咬到舌頭，就是一下子沒綳住。那麼多讓我發瘋的事情我都忍住了，沒想到這些小事也針對我。」

我沒有說「有必要嗎」，沒有說「會好起來的」，也沒有喊「加油」，我只是笑著說：「今天天氣不錯，挺適合請客。」

大人的心平氣和，一半是「看你能拿我怎麼樣」，一半是「不然還能怎麼樣呢」。

所以，很多大人的崩潰看起來很奇怪。

A跟男朋友分手的時候，一滴眼淚都沒有，但因為洗澡突然沒熱水了，瞬間崩潰。

B因同事陷害，被公司開除了，一次脾氣都沒發，但煮泡麵的時候發現袋子裡沒有醬包，瞬間崩潰。

C一個人沒日沒夜地照顧臥病在床的公公婆婆，還有一個兩歲的寶寶，她沒哭過一次，但過馬路的時候被小狗兇了一下，瞬間崩潰。

D獨自在大城市打拚了好多年，生病都是自己去醫院，沒求過一次人，但有一天煮水餃的時候把餡都煮漏了，瞬間崩潰。

E在櫃檯站了一整天，一件東西都沒賣出去，還是面帶微笑，但去吃牛肉麵的時候，服務生少盛了兩塊牛肉，瞬間崩潰。

F和媽媽大吵了一架，氣得拖著一大堆行李離家出走，無處可去時沒有哭過，卻在某一天下班回家，吃泡麵的時候，因為叉子斷掉了，瞬間崩潰。

G被甲方折磨得死去活來的時候，一聲嘆息都沒有，卻因為過馬路的時候有一輛車狠狠地對她按喇叭，瞬間崩潰。

H去山村支援教書，走了很長一段泥濘路，鞋子褲子上都是泥，就想買個刷子，但身上只剩五十元現金，而販賣部的刷子標價是五十三元時，她當場暴哭。

為什麼那麼難搞的事情都承受得了，卻在一些微不足道的小事上崩潰了呢？

原來啊，這些小事毀掉了你所剩無幾的耐心和少得可憐的期待。你以為咬咬牙就能挺過去了，以為熬完了糟糕的今天就會迎來有轉機的明天，卻沒想到就連這些小事都不肯放過自己。

大人的世界就是：沒有人逼你，也沒有人幫你。你只能自己救自己，硬著頭皮，或者厚著臉皮。

3

智慧的東西一旦變得不智慧就會顯得更蠢，比如，中毒的電腦、記憶體不足的手機，以及發飆的人類。

因為老公的一句「茄子好鹹」，郝姑娘一怒之下去染了一頭紅髮，染完了又想著對小寶寶不太好，又一怒之下剃了個光頭。

因為媽媽半開玩笑地提了一句「你再生個孩子吧」，她一下子就爆炸了，然後被一旁的爸爸臭罵了幾句，於是她昂著頭喊：「你們記著，從今以後，我和你們斷絕關係。」說完就甩門而出。

等怒氣退場，理智上頭的時候，腸子都悔青了的她就像一條溺水的魚。

她說：「老公覺得鹹，我幫他倒杯水就行了啊！」

她說：「爸媽說我兩句，說就說了吧，養了我二十年，還不讓人說兩句嗎！」

是啊，可誰又攔得住你發飆呢？

人在盛怒當中，理智根本沒有立足之地。說得再直白一點：發飆就是發蠢。

每個人身體裡都有一個大人、一個小孩。情緒控制能力差的人，是小孩先跑出來，口不擇言、慌不擇路之後，身體裡的大人這才趕到現場。給小孩一頓痛揍，然後大人和小孩一起內疚、惶恐或者後悔。

而情緒控制能力好的人，是身體裡的大人先把小孩安慰好了或者收拾完了，再由大人出面。這個時候，選擇撒野，他是故意的；選擇表演，他是左右權衡了的。

那麼你呢？

忍一時越想越氣，退一步越想越虧。逢人藏不住事，遇事沉不住氣，生氣忍不了火。一把年紀了還是控制不了自己的嘴，還是喜歡說反話，還是那個一遇到挫折就想逃跑的小朋友。

如果情緒波動也算一種運動的話，估計你早就瘦了。

事實上，問題會帶來情緒，但情緒不能解決問題。所以，崩潰的時候不要說話，惱火的時候不要做決定。

刪掉你正準備回覆的一大段不滿的話，換成「好的」。

刪掉你怒不可遏時發在社群平臺上的髒話和狠話，換成「今天天氣不錯」。

刪掉你那些指桑罵槐和含沙射影的圖片和文字，換成「算了」。

切記，大人的崩潰不需要觀眾。越是繃不住就越不能為自己添亂，越是不滿意就越要不動聲色，越是崩潰就越要僅自己可見。

4

曾聽到有人說，他在圖書館看到一個男生趴在桌子上哭了五分鐘，很小聲的那種抽泣，然後，他的手機鬧鐘響了，他馬上就停止了哭泣，開始埋頭做題目。

曾有個報導說，一個男人在路邊痛哭，旁人問他怎麼回事，他回答：「我是特地趁家裡沒人才跑出來哭一會兒的，有家人在，我不敢哭。」

曾有個三十多歲的男人在一次體檢中意外得知自己患了癌症，他不敢告訴任何人，而是自己偷偷去做化療。然後每天照常工作，逗妻兒開心，定期看望父母。有一天，妻子突然問他怎麼掉了那麼多頭髮，他笑著說：「因為我聰明絕頂啊。」

曾有個寶媽白天執行了一個有兩千人參與的大型活動，忙到晚上十點多才回家，發現兒子在拖拖拉拉地寫作業，就兇了兒子，要他快點寫。結果兒子說：「媽媽，今天我有點討厭你。」她一下子就繃不住了，跑進洗手間裡猛哭了很久。

曾有個在異鄉打拚的男生大掃除的時候摔了一跤，撞到後腦勺了，緩了好久才爬起來，心裡非常害怕，第一反應是打電話給同城的朋友，他的本意是「萬一自己有個三長兩短，也好有人知道」，但朋友聽完笑他小題大作，他掛完電話就哭得泣不成聲。

大人的崩潰，不能歇斯底里地大哭一場，不能旁若無人地大喊大叫，不能不管不顧地肆意破壞，要講CP值，要排順序，要分場合，要算時間，要找掩護，要面不改色，要小心翼翼，要悄無聲息，要徒手接下當下的不如意，要外露美好，但苦膽自品。

因為要顧慮的東西太多了，因為驕傲不允許，因為不想讓人擔心，因為不想讓自己的負面情緒影響到無關的人。

因為不想跟人解釋，說了也沒有人會真的理解；因為不想讓人看到自己哭，那樣看起來很弱。

因為周圍的人只想看到一個合格的、稱職的你，一個能融入集體、能照顧好自己的你，而那個喪氣的、易燃易爆的你是不應該存在的。

於是，你的情緒會小心翼翼地排放，精打細算地緩解，但你面上始終是風和日麗，甚至還能跟旁人笑談今天的明星八卦和剛吃的哈蜜瓜。

你的崩潰不會再當眾炸出煙火了，而是默不作聲地燒成了灰。但實際上，你難過了很久，你忍得很辛苦，甚至是在跟人嬉笑的同時，你在內心號啕大哭。

你清醒地知道，人可以用微笑把自己的臉蒙起來！

5

網路上有一個新鮮的詞彙叫「懂事崩」，大致的解釋是：大人的崩潰不能隨心所欲，不能當眾表露，不能影響工作和生活，只能在確保第二天還能正常工作、正常作息的深夜裡獨自崩潰。很懂事，也很無奈。

是啊，誰還不是個在夜裡崩潰過的俗人呢？

你可能看起來很正常，也很熱心腸，做人懂事，活得體面，講起道理來也頭頭是道。可是只有你自己知道，在這副笑靨如花的皮囊後面，一個鬱鬱寡歡的靈魂有幾千個傷口在同時滴血。

為了趕上捷運，你一路狂奔，卻突然被保全人員要求檢查包包，結果錯過了這一班，而下一班需要再等九分鐘，此時距離你遲到就差十分鐘了。

加班到深夜，你想叫車回家，APP上顯示前面排隊人數已過百，你站在路邊等，風一直往你脖子裡灌，眼看就要大雨傾盆了。

下了車，面前是萬家燈火，卻沒有一盞燈是為你而亮；一整天的疲憊不堪，也沒有一個人會為你熨貼撫平，而再過四小時，早起的鬧鐘又要響了。

考試的壓力，工作的力不從心，感情的入不敷出，生活的顛沛流離，孩子的叛逆……麻煩不斷的日常將你埋葬，每天醒來的第一件事是想睡覺，每天出門的時候就已經電量不足了。

你沒有變懂事，只是更能忍了。你看起來成熟穩重了很多，但實際上只是學會了面無表情而已。

於你而言，生活就像一連串暴擊在循環。但是，肩上的責任不會因為你崩潰了就自動終止。

在無力改變現狀之前，你先要試著接受：接受不如己意，接受無能為力，接受現實的殘酷，接受人心的複雜，接受努力了卻事與願違。否則的話，一切你對世界硬著脖子做出的苦大仇深和負隅頑抗都不過是虛張聲勢。

然後，你要試著去做點什麼：認真洗臉，認真吃飯，認真讀書，按時睡覺；試著放慢節奏，慢點走，慢點吃，慢點說；不在人前矯情以求關注，不再四處訴說以求寬慰，而是學會了獨自面對，然後盡量把眼下的生活過好。

你要用「做好某件事」來拯救自己的情緒，而不是試圖用一種糟糕的情緒去壓制另一種糟糕的情緒。

這樣的你，不會因為旁人的冒犯而怒不可遏，不會因為他人的恭維而喜形於色，不會因為別人的質疑而浪費時間自證清白，也不會因為某人的刺探而毫無顧忌地袒露所有。

想通了，就意味著你還是你，只是在某些場合表現出來的，盡可能是自己在乎的人可以理解、可以接受的那個你。

實在想不通，就去看看山川與湖海，畢竟地球它老人家已經幾十億歲了，於它而言，人人都是小寶貝。

希望你臉上永遠都看不出被生活為難過的痕跡，也希望你心裡的海洋早日風平浪靜。

3 祝世界繼續熱鬧，祝你還是你

1

從小在南方長大的何先生，十九歲那年去北方上大學。他當時的普通話很糟糕，因為「ㄌ」和「ㄋ」不分，前鼻音和後鼻音不分，沒少被同學笑話。

同寢室的人都忙著玩，他忙著合群。

別人看籃球賽，他也跟著看，非常努力地記每個球星的名字和特點，只是為了在別人閒聊的時候插得上嘴。

別人看英格蘭足球超級聯賽，他也熬夜看，還學別人把球星的照片當大頭貼，跟著別人在球隊獲勝之後大聲怪叫。

別人追星，他也跟著追，生活費本就不多，他節衣縮食，只是為了和別人一樣慷慨地為偶像打榜。

別人玩遊戲，他也沒日沒夜地練習，只是為了能成為一個合格的「戰友」或者「對手」。

終於，在和大家一起熬了幾個通宵打遊戲、醉了幾次聚餐、蹺了幾次課、掛了幾門科目之後，他如願地同大家稱兄道弟了。

只是畢業之後，他們幾乎沒有任何聯繫。

對不擅長交際的人而言，闖進人群就像是自取其辱。

他人生最大的一次蛻變，是慢慢意識到：孤獨是好事。

他一個人旅行，一個人坐捷運，一個人看電影，一個人吃火鍋，一個人在咖啡館裡坐一整天，一個人從城市的東邊搬到西邊，一個人在空蕩蕩的房間裡從早學到晚，不管多麼難過的事情，他都可以自己消化。

比起十九歲時被人嘲笑發音問題，畢業之後的他親歷的生活顯然要孤獨得多：比如，那段看不到希望的異地戀，那份看不到前途的工作，那些看不到盡頭的加班，以及無數次在無聊的聚會中內心的吶喊：「怎麼還不結束啊！」

但是，他不會再像第一次離家出遠門那樣渴望合群了，也不會再責怪自己為什麼要一個人跑到這麼遠的地方。

他也曾怪過這個世界不懂自己，但後來才慢慢意識到，是自己不想讓這個世界懂。

他看起來天性樂觀，但其實骨子裡是悲觀的；他把什麼都看得很開，同時又把自己裹得很緊。

他絕大多數的安全感和舒適感都是源自遠離人群。但如果不得不走近人群，他就會對所有人都客客氣氣，僅僅是為了和所有人都保持足夠的安全距離。

別人在辦公室裡閒聊，在辦公桌上擺弄花草，他只想在自己的周圍種上芭蕉。

對喜歡獨處的人來說，跟三五個聊不來的人待一小時，就需要花三五個小時的獨處來排毒療傷，來平復與人交往後的疲倦，來恢復與人交往時耗費的精力。

人和人是不同的，有的人是把「跟人插科打諢、誇誇其談、大吃大喝」當休息，有的人則是把「一個人安靜地待著」當休息。

所以，不要動不動就問「你一個人待在屋裡幹什麼呀」——在休息囉。

獨處的好處非常明顯：你不必因為遷就誰而迷失自己，也不必因為堅持自己而得罪他人。

獨處的心態可以很酷：「我不是剩下來的，只是不想選擇；我不是落單的，只是不愛等人。」

獨處的形式也非常多樣：可以是四下無人時肉身的獨處，也可以是人聲鼎沸時心靈的放空。

所以，不善言辭就用心感受，不擅交際就誠實做人。實力不夠的時候，獨善其身是一種美德。

2

家裡的網速很卡，演唱會都卡成了詩歌朗誦，左姑娘也不惱火，一邊敷著面膜，一邊用牛奶鍋燉紅豆沙。

在生人面前，她總是一副「我跟你不熟」的姿態，通訊軟體裡聊天也是冷冰冰的。但是，如果你跟她混熟了，你會發現她非常好玩，尤其是笑起來，五官像是在扭秧歌[6]。

她媽媽經常變相地敲打她：「我怎麼覺得全世界都在訂婚、結婚、生孩子，只有我在忙著上禮？」

她樂呵呵地說：「好巧哦，我也這麼覺得，我甚至懷疑丘比特是不是把我的箭拿去烤串燒了。」

有個她不喜歡的男生想追她：「要不跟我談個戀愛吧，你一個人走路有什麼意思？」

她認真地回覆道：「一個人走路很有意思啊，想做什麼就去做，不用擔心同伴不喜歡；想去哪兒就去，不會因為沒人陪就放棄。每次想到這些，我就想單身活到五百歲。」

我曾問過她：「真的打算單身一輩子？」

她搖搖頭說：「我只是覺得一個人的生活很自在，想睡就睡，想吃就吃，穿著睡衣隨

6 又稱扭秧舞，是中國最具代表性的民間舞蹈之一，動作豐富，表情浮誇。

處走，碰到趣事自己樂，看誰不順眼就假裝看不見。晚上八點洗澡也行，深夜十二點泡澡也可以，看當時的狀態；洗完澡馬上睡覺也行，繼續工作也可以，看當時的精力；休息日是收拾房間還是癱坐半天，看當時的心情。」

選擇獨處，並不是失去了與人相處的能力，而是沒有了與人逢場作戲的興趣。

選擇獨處的人並不把合群擺在生活的首要位置，他沒那麼需要和人說話，也沒那麼需要按讚之交。他只想真實地活在人群中，行使「不熱鬧」的權利。

就像是靈魂暫時打了烊，不再對外營業了。

也許他也嚮往過人群，但是跟獨處比起來，強打精神去和一些聊不到一塊兒去的人尬聊，更讓他難受。

也許他也渴望過集體，但是比起過著被人左右情緒的生活，他更喜歡無人問津的日子。

他知道自己的喜歡和厭惡，所以不會被人左右，不會被什麼潮流裹挾，不會被什麼現象內捲，更不會表面笑臉迎人，內心卻如履薄冰。

他無暇去附和這個世界，所以不會花些不明不白的錢，結交一些不三不四的人，說一些不痛不癢的話。

他沉默是因為他突然意識到沒有交流下去的必要了，他不理人是因為不想把有趣的事物分享給敷衍的人。

他獨來獨往是因為他知道有些事只能一個人做，有些關只能一個人闖，有些路只能一個人走。

他只是一個不願意被人粗暴拆開的禮物，他那顆複雜難解的心只是在等一個耐心打磨鑰匙的人。

所以，如果你看到某某不合群，希望你能提醒自己一句：「也許他不是不喜歡社交，只是沒興趣認識我。」

如果有人說你不合群，也希望你能誇自己一句：「沒有委屈自己變成別人滿意的樣子，我真是太棒了。」

3

上大二的薛姑娘沒頭沒腦地傳了一段話給我：「我有時候會覺得自己是一個迷了路的外星人，有時候非常想要融入這熱鬧的人間，有時候又非常渴望接收到來自外星人的救援訊號。」

我問她發生了什麼，她說被室友排擠了。

薛姑娘的性格很內向，在學校裡一直是獨來獨往，關鍵是她很享受這種狀態。

當薛姑娘數次婉拒了室友們的熱情邀約之後，她們「識趣」地再也沒叫她了。

然而就在今天下午，上完自習的薛姑娘回到寢室時，室友正戴著耳機跟男朋友聊天，沒看到薛姑娘回來了。

聊著聊著就聽到她描述大家的行蹤，「A下樓散步了，B在洗頭髮。」

說到薛姑娘的時候，室友先是嘆了一口氣，然後呆呆地說：「她啊，瞧不起我們這些底層人民，不知道搞什麼去了。」

薛姑娘問我：「為什麼交談變成了默認的正常現象？為什麼外向才是榜樣？為什麼不愛說話就不能被體諒？為什麼人們總是鼓勵內向的人多表達，鼓勵喜靜的人走出舒適區，卻很少有人勸外向的人閉嘴，從而讓那裡變得舒適？」

我認真地敲了一段話給她：「如果擁有令人吃驚的想法的是你一個人，如果懷揣遠大抱負的是你一個人，如果想去見識更廣闊天地的是你一個人，那麼彷徨無助和不被理解的，也註定是你一個人。她們首先會看不慣你，接著會看不起你，繼而會嘲笑你，然後會打擊你，但最後會輸給你。」

人越是明白，越是有追求，往往就越孤獨。你對自己的要求越高，能夠理解你的人就越少；你對生活的認識越深刻，和你產生共鳴的人就越少。

還是那句話：真心想要做點什麼，就要假裝沒有觀眾。

慢慢你就會發現，在眾人滿足現狀時還能抬頭望路的那個人，通常也是在眾人束手無策時知道出口在哪裡的那個人；在熱鬧當中能夠平靜做事的那個人，通常也是在黑暗降臨時能夠舉起火把的那個人。

4

為什麼很多男人在停完車之後，喜歡在車裡多待一會兒？

那是因為在關上車門之後，車裡的世界變成了獨享的空間，你可以是個狂熱的球迷，是個瘋狂的幻想家，是個看誰都不爽的憤青，也可以是個什麼都不想的幼稚鬼……

但是，當你打開車門，你就必須是一個稱職的丈夫、一個合格的父親、一個聽話的兒子、一個及格的夥伴；你要考慮愛情的供養、子女的教養、老人的贍養、柴米油鹽的蓄養，以及人情世故的修養。

為什麼很多女人在當媽之後，喜歡在廁所裡多待一會兒？

那是因為只有在這個狹小的空間裡，你不用強顏歡笑，不用百般周全，不用去顧及所有人的感受；可以不當超人，可以只是一個小女生。

也只有在這個短暫的閒暇中，你可以讓緊繃的神經舒緩一下下，可以為情緒和壓力找一個出口，可以多累積一點力氣去面對家庭的零碎和生活的連環暴擊，可以為自己的崩潰和體面留一點迴旋的餘地。

大人的孤獨是：難過的事情找不到人傾訴，開心的事情又找不到人分享。置身於熱鬧的人潮之中，孤獨得就像是被P上去的。

你分享到社群平臺的音樂，就像是遞出去的另一隻耳機，可惜沒有人想聽。

你曬在社交軟體上的生活，就像是單身狗發出的求偶訊號，可惜沒什麼人想接。

你掌握了蒸雞蛋糕和燉牛肉的訣竅，可惜沒有人與你一起品嘗……

除此之外，麻煩不斷的婚姻、不能如意的職場、漸行漸遠的朋友、上竄下跳的孩子、日漸老去的父母、無法停止的遺憾，以及難以預知的未來……它們像俄羅斯方塊一樣從天上砸下來，你手忙腳亂地應對，最後難免還是會被淹沒。

你總在「想傾訴」和「覺得沒必要」之間徘徊，在「好想有個人陪」和「誰都別理我」之間反覆。

你晚上質疑全世界：「怎麼沒有人關注我，我好孤獨。」白天又拒人千里之外：「都離我遠一點。」

人頭攢動的熱鬧街頭，每個人都面露微笑，卻不知道要等誰。

推杯換盞的聚餐，大家都高喊「友誼萬歲」，卻沒有誰可以交換祕密。

偶爾也會拿「猛獸總是獨行，牛羊才成群結隊」來替自己「解圍」，但又清楚地知道：自己根本就不是什麼獨行的猛獸，更像是一隻被同類拋棄的牛羊。

但我想提醒你的是：你的孤獨其實是在等待一個契機，一個可以變成禮物的契機！

比如，在你認清了生命中那些淒涼的高地和冰冷的深淵都只能靠自己去熬的時候。

在你主動把自己的心拎出來，任憑生活刀削斧砍，直到它能夠承受巨大痛苦的時候。

在你經歷了無數的低谷和連續的暴擊，依然沒有認輸，甚至下定決心要跟生活硬拚到底的時候。

然後，你的孤獨就會改頭換面。

沒有人打攪的週末，你終於有空看了一場螞蟻搬家；沒有熟人在場的那部電影，你肆意地哭得梨花帶雨；沒有人留燈的那些夜裡，你埋頭苦幹，悄然蛻變。久而久之，你雖內向但不呆滯，你雖寂靜但有力量。

那麼你將擁有的，是特立獨行卻不被孤立的魅力，是與世無爭卻有跡可循的野心，是我行我素卻穩扎穩打的韌性。

單槍匹馬又怎樣？一腔孤勇又何妨？

與其熱熱鬧鬧地引人注目，不如在人群中做一個安靜的、真實的、努力的人，不故作喜感，不賣弄聰明，不心存僥倖，在世俗的言論中守腦如玉，並隨時能從熱鬧中全身而退。

一個人生建議：享受孤獨，自有主見，經常反思，以及不要炫耀自己做到了前面三點。

4 自命不凡不等於你很優秀，瞧不起並不會讓你了不起

1

我有個朋友……算了，是我自己。

我高中的時候愛寫詩，但根本就不知道什麼是詩，只是喜歡把一句「是個人就能看懂的句子」寫成「鬼都看不懂的樣子」。

我誤以為那就是才華，一看到校園裡張貼了徵文比賽的大海報，我就寫詩投稿，但從未獲獎。我就跟人抱怨：「這評審的審美也太差了吧！」

投了三四次之後，我才發現徵文海報底下有一行小字：「題材不限，詩歌除外。」

大學考考得不理想，我也不害臊地認為「只是發揮得不好而已」，所以大學的前兩年，我過得很頹喪，也很自負。

看見有人整天談情說愛，我就想「真沒前途」。

看見別人到處拉票競選班級幹部，我就想「真庸俗」。

看見別人拚命在老師面前表現自己，我就想「真會巴結」。

看見別人整天捧著手機，我就想「真的廢了」。

我沉浸在自己臆想出來的「我獨來獨往是因為我比大家優秀」的幻覺裡，每天寫著充滿偏見的批判文字，以為這是獨立思考的表現；我說著沒有現實可能的豪言壯志，以為這是有抱負的表現。

聽了幾句爛大街的至理名言，我就誤以為自己已經看透了人心；看了幾個糟糕的社會新聞，我就覺得自己讀懂了人性。別人談感覺的時候，我故意去強調理性；別人講道理的時候，我又刻意強調情懷。

但凡是大家推崇的，我一定厲聲反對；但凡是大家都喜歡的，我一定表示不屑。總的來說就是，明明是自己被社會排斥了，卻偏要擺出一副排斥社會的樣子來。

那個不可一世的我，像極了一個剛剛學會騎獨輪車的猴子，在少得可憐的觀眾面前高呼「我是叢林之王」，以期有人能施捨半根香蕉。

那個十分自負的我，像極了一枚青澀的果子，故意讓自己爛掉，然後逢人就吆喝：「你們快看，我多成熟！」

自命不凡確實能讓人產生「我就是比別人優秀」的幻覺，但絲毫沒有改變「我其實什麼都不是」的事實。

成長最要緊的任務是：接受自己的普通，然後努力與眾不同，絕不是裝出一副「我很特別」的樣子，以此來粉飾自己的普通。

真正優秀的人，從不把優越感掛在臉上。

他教會了別人不知道的事情，卻不讓人覺得自己是個笨蛋；他指出了別人需要注意的問題，卻不會讓人覺得難堪。

他隨時隨地都有資格驕傲，但處處謙虛；他不張揚，卻自帶光芒；他有故事，但不會誇誇其談。

他善於照顧周圍人的情緒，懂得傾聽，不會總想搶著表達什麼；他有自己的堅持，但不隨意批判別人，更不會因此讓人不舒服。

看到有人虛度光陰或者自欺欺人時，他不會鄙視，而是會反問自己：「我會不會也是那種人，而不自知呢？」

看出了別人的可笑之處，他不會嘲笑，而是會警醒自己：「那些比我優秀的人是不是也在這樣看著我？」

看到和自己年齡相仿、起點相似的人卻擁有了更好的事業、更高的社會地位、更完滿的愛情，他不會簡單地將其歸結為運氣，而是很清楚：「別人肯定是在某些方面比我做得更好。」

與其把精力浪費在「誰都瞧不起」上，不如親自去跟眼前的麻煩過過招；與其裝腔作勢企圖騙過別人，不如沉下心來狠狠修理自己。如果搞定了麻煩，你就會覺得「麻煩不過如此」；如果被麻煩搞定了，你就能意識到「自己不過如此」。

2

有個大三的女生傳私訊給我，說她今天嗆了一個學長，嗆得超級爽，並且傳了一張嗆人的截圖給我。

學長：「我是你的副部長，你這份文件直接就傳過來了，連個招呼也不打，你懂不懂禮貌？」

她：「哦，是副部長啊？好大的官哦！」

學長：「你什麼意思啊？」

她：「意思是，我是你奶奶。」

學長：「你是不是有病啊，等著全校公佈違規吧！」

她：「你要是不向全校公佈我，我都瞧不起你！」

在一個小圈子裡，你要盡可能地掐死「我很了不起」的優越感，這樣你會很輕鬆，你周圍的人也會很輕鬆。

大概是因為自身的實力無法在現實中獲得足夠的優勢，所以只好讓自己在氣勢上立於不敗之地。

大概是因為內在的見識和品德無法讓人信服，外在的形象與氣質又不夠驚豔，所以只剩下陰陽怪氣這一條路來凸顯存在感。

可問題是，身處一家優秀的公司和自己很優秀，是兩回事；身居要職和自己很重要，也是兩回事。

很多時候，你只是把平臺的價值誤以為是自己的價值，把權力的威力誤以為是自己的能力，你演的不過是現代版的「狐假虎威」罷了。

這就好比說，藏書多不等於知識豐富，不然書櫃都是博士。

如果你的能力配不上你的高調，同時你的度量又容不下旁人的非議，那麼你就註定會是一個無限接近笑話的、在哪裡都讓人覺得尷尬的存在。

所以，就算你是真的覺得自己很威，威也要在心底，既不裝，也不吹。

世界上最平凡的想法莫過於「我是一個不平凡的人」，而抱著「我不想成為街上一抓一大把的庸人」這種想法的人，街上真的是一抓一大把。

有什麼可了不起的呢？

所以我的建議是，不要動不動就把頭銜、學歷、出身、閱歷掛在嘴邊，如果你真的很厲害，那就做點成績出來，有目共睹遠勝過振振有詞。

3

Z小姐經常在社群平臺裡喊大家幫她介紹男朋友，就像一個廣告欄位在常年招租。而她本人則像是擺在貨架上的滯銷產品，長年累月都無人問津。

她的擇偶標準近乎苛刻：

她的父母是高中老師，就要求對方的父母也必須工作穩定，否則會成為婚後生活的負擔。

她畢業於前段大學，就要求對方是明星大學，否則影響後代的智商。

她身高一百五十幾公分，就要求對方一百八以上，否則影響後代的身高；她的長相一般般，就要求對方必須好看，否則影響後代的相貌。

用一句話總結就是：她的優勢，對方要和她般配；她的劣勢，對方要和她互補。

有膽子很大的朋友給她介紹了高富醜的，她說沒感覺；介紹了矮富帥的，她說沒感覺；介紹了高窮帥的，她還是沒感覺。

終於碰到一個高富帥的，她是有感覺了，但對方一看她的相片就說：「不好意思，我對這樣的女生沒感覺。」

一怒之下，她發了則動態：「現在的男生都瞎了嗎？」

還真不是因為別人都瞎了，正相反，是誰都沒瞎。

人性的醜陋之處在於：凡是不願意看別人長處的人，總是一眼就能看出別人不如自己的地方。

對自己沒點數的人，要嘛是在單身的路上「無知又無畏」，要嘛是在脫單的路上「糾結又顛沛」。

跟誰談戀愛，就覺得是在便宜別人；跟誰結婚，就覺得是對生活妥協。追過一個嫌棄他窮的女生，於是他嘴裡所有的女生都物質；被一個男生辜負過，於是她嘴裡所有的男生都靠不住。

其實，這類人並非不知道世界上有優秀的、靠得住的、同時能與他融洽相處的異性存在，但他刻意強調異性的不美好，是因為他很清楚：美好的愛情太難了，成本太高了。想要與一個人攜手步入美麗的黃昏，就得努力把自己活成曼妙的晨曦。

而這意味著：自己必須自律、節制、獨立，必須學會付出、懂得理解、保持上進，必須變成一個值得被愛的人。

他不願意這麼辛苦，所以乾脆就說「都那麼爛，我不稀罕」。

我的建議是，不要幻想生命中能出現一個完美的人，然後你有機會以身相許。你要知道，只有當自己配得上別人時，你才可以說自己是「以身相許」，否則更像是「恩將仇報」。

當然了，如果你不在乎自己嫁不嫁得出去，同時又想顯得自己很跩，那麼你可以對外宣稱：「娶我的話，聘金五十億。」

如果真有人當這冤大頭，你就當自己中了樂透；如果沒有人來，那你就可以理直氣壯地說：「是因為聘金太高了，不是因為我太糟了。」

4

再講兩個小故事，一個關於獅子，一個關於老虎。

貂找獅子決鬥，獅子拒絕了。

貂就問獅子：「你不是傳說中的森林之王嗎？怎麼會怕我？」

獅子說：「這跟怕沒關係。如果我跟你決鬥了，你就可以得到曾與森林之王比武的殊榮；而我呢，以後所有的動物都會恥笑我竟然和貂打架。」

鹿優哉遊哉地吃草，結果被老虎抓住了。

在被吃掉之前，鹿對老虎說：「你不能吃我！」

老虎愣了一下，問：「為什麼？」

鹿自信滿滿地說：「因為我是國家二級保護動物！」

老虎大笑：「總不能為了二級保護動物而讓一級保護動物餓死吧！」

弱者常常有一堆奇怪的邏輯：因為我不懂，所以是你說錯了；因為我沒見過，所以是你在撒謊；因為我不怕你，所以是你怕我；因為我有勇氣，所以我比你厲害。

基於這種邏輯，什麼都沒做的人會好意思去笑話做得不夠好的人，不必對結果負責的人總喜歡指點身在其中的人，自己什麼都不是的人敢去鄙視功成名就的人。

而人性往往如此，越是沒有能力就越覺得自己什麼都可以做，越是能力出眾反倒越知道自己有哪些是不能做的，越是博學多聞就越知道心懷敬畏，越是半知半解就越擅長誇誇其談，越是一無所知就越喜歡口無遮攔。

聽說女神有了男朋友，就酸人家：「有什麼了不起的，不就是比我高，比我帥，比我有錢嗎？」

看見別人吃穿用都很闊綽，就憤憤不平：「沒有你爸，你早就餓死了。」眼看著同事比自己升得快、賺得多，就心有不甘：「就知道拍馬屁，給主管送禮請客誰不會啊，我才不屑於做那種事！」

知道一起長大的朋友買了房子，就不屑：「房價早晚要跌的，到時候你哭都來不及。不如像我這樣租房子，想住哪裡就住哪裡。」

實際上，你根本就沒有什麼獨特之處，你也沒有拿得出手的本事，你只是想順著鄙視鏈爬到更高的地方，僅此而已。

人與人是不一樣的，有些人的底氣來自實力，有些人的底氣來自無知。知識越貧乏，他相信的東西就越絕對，因為他根本沒有聽過別的觀點。

於是，老年人相信一切，中年人懷疑一切，而年輕人什麼都懂。

5

在某個頒獎典禮上，羅翔教授說了這樣一席話：「當我拿到這個獎時，它就已經成為過去式。我經常問自己，羅翔，你那些自我感動和感動別人的言語，是不是只是一場表演，是不是巧於辭令和自我欺騙，你能不能有相應的能力把它彰顯出來，所以我真的希望有一種力量能夠幫助我，誠實地面對自己，認識到自己的局限、自己的愚蠢、自己的幽暗。」

這世上最難得的，莫過於烈火烹油、鮮花著錦時的清醒。

在現實中，自帶優越感的人隨處可見：

老友重逢，如果有人告訴他當初拋棄他的前任如今的悲催現狀時，他隱隱約約就會顯露出一絲幸災樂禍，好像當初那個人如果沒有拋棄他，混得就能更好似的。

同學聚會，如果有人說起當年校花如今的不幸生活，他就會唏噓不已，好像校花當初如果跟了他，過得就會比現在幸福似的。

可是，等他真的開始做某件事的時候，就會意識到：出書一點都不容易，大城市一點都不好混，老家的公務員也沒那麼容易考上，平凡的自己也不會因為創業了就變得不平凡，有很大機率只是換了個地方繼續平庸而已……

這就好比說，每一個失敗的產品背後，都曾有一屋子的人認定那是個絕無僅有的好點子。

類似的還有：

看別人的書賣得不錯，翻了兩頁就大聲嚷嚷：「笑死我了，就這水準，明天我也去出一本！」

看別人的影片挺紅，滑了幾個就覺得：「這也能紅，明天我也去拍幾個！」

看別人創業賺錢了，還沒瞭解清楚情況就到處說：「賺錢這麼容易，明天我也去。」

看別人回老家當公務員了，就不屑地說：「等我在城裡混不下去了，也回老家考公務員算了。」

就好像一夜成名、一夜暴富是手到擒來的事情。

嗯，年輕一點都不可怕，可怕的是，人都一大把年紀了，想法還是這麼「年輕」。

6

不要僅憑隻言片語就在網路上指點江山了。

你不過是穿著睡衣憂國憂民，隔著螢幕行俠仗義，你的言論跟正義隔著幾個太平洋的距離，你的所作所為更像是為了宣洩自己的八卦欲望而一吐為快罷了。

不要用你優越的出身去貶低那些不受老天眷顧的人。

不要嘲笑別人的疤，那只是你沒有經歷過的傷；不要瞧不起別人的窮，那只是你沒有吃過的苦。

如果你提供不了幫助，至少不要讓人覺得無助；如果你做不到讓人快樂，至少不要讓人看見你就煩。

不要用你的喜好去鄙視別人的喜好。

你擅長種黃瓜，他擅長種番茄，你並不能因為黃瓜種得好就覺得高人一等。

你對咖啡瞭解很多，他對電影研究很深，你不能因為能沖出一杯好咖啡就覺得比別人更了不得。

以自己的專長去批判別人的外行，這既不公平，也不道德。

不要以理性的名義去糾正感性的人，不要什麼事情都要爭個輸贏。

說「我不知道」其實非常輕鬆，承認「我能力有限」其實非常快樂，不會有人因此而看扁你。

你大可以笨拙一點，寬容一點，少用腦袋去指指點點，多用心去推己及人。

交流的目的在於交換資訊、意見和感受，而不是為了證明自己不蠢。

不要打著「責任感」的名義去指導專業的下屬。

如果你自身沒有足夠的專業能力做支撐，那麼你事事參與的「責任感」就是下屬的災難。你一旦習慣了在細枝末節上摻和進來，那麼真正的專業人士就不得不放棄他們的專業性，非常痛苦而且無奈地配合著你的業餘表演。

那後果自然是，最終的結果沒有人滿意，最終出的問題沒有人負責。

不要在年輕人面前倚老賣老，或者舉著「我是過來人」的旗幟對別人胡亂指揮。

不要每次談及自己的名校光環就眉飛色舞、吐沫橫飛，不要每次介紹自己就大談特談你曾經去過的公司，共事過的神人，或者曾經擁有過的職位、謀劃、野心……

說到底，你只是拿著自己在時間的長河裡打撈的東西去諷刺那些剛拿起網子、正興沖沖跑過來的人，這是既無趣又傲慢的行為。

世人都在問：「燕雀安知鴻鵠之志哉？」其實啊，燕雀不太想知道，反倒是有些鴻鵠總想讓燕雀知道。

真正值得驕傲的，是從陰暗的人與事上吃了暗虧之後，卻依然不屑於成為那樣的人。是不斷碰壁、不斷跌倒，但始終沒有逃避責任。是遭受過人際交往中的失望或者背叛，卻依然敢愛敢恨。是因為見多識廣而生產出好的觀念，因此解決了別人搞不定的問題，拓寬了別人想知道卻無從知道的見識，而不是揚揚自得於自己消費了什麼好東西，去過了什麼好地方，認識了什麼神人。

是身居要職卻依然謙遜有禮，是身在高位卻敢坦然地承認自己的局限，而不是大義凜然地、對什麼都能指點江山地胡說八道。

我的建議是，無論你對自己多有把握，最多只能自信到八十分，另外的二十分要留給對命運的敬畏。

畢竟，聲名、地位、財富並不是被誰最終擁有了，最多也不過是與它們片刻並肩。

所以，不要急，沒有一朵花，從一開始就是花；也不要囂張，沒有一朵花，到最後還是花。

5 如果活著不是為了快樂，那麼長命百歲又有什麼意思

1

一個男人發現房子著火了，眼看搶救無望，於是拉著一家人和正在熊熊燃燒的房子合照一張。

一個因為化療而掉光了頭髮的女生，每天早晨都會換上好看的衣服，戴上配飾，從頭到腳精心打扮。這樣做僅僅只是為了下樓散個步，有人問起原因，她說：「不被看好的時候，更要好看。」

一個聽力出問題的大爺從來沒有因為聽力問題跟誰大喊大叫，他的祕訣是：「如果聽了三次還沒聽清楚，就微笑著假裝聽懂了。」

一個七十多歲的老太太談了一場新戀愛，為此還專門去請教比她晚生半個多世紀的小女生如何選口紅、如何穿搭。結果是，她的裙子越穿越短，鞋跟越穿越高，還背著家裡人偷偷去拉了個皮。

一個歷經磨難的老爺爺在彌留之際把一家人喊到身邊，交代完事情，就閉上了眼睛。

等大家哭成一片的時候，他突然睜開了眼睛，哈哈地對大家樂：「逗你們玩呢，看誰沒有哭。」說完就走了，再也沒回來。

這世界就像一家旅館，我們只是來借住的客人，最長不過百年而已，時間一到，就得走了。

所以，沒做過的事情要抓緊時間做一下，喜歡的東西要努力爭取一下。

暫時沒辦法，就靜下心來累積本事；暫時得到了，就好好珍惜。

暫時受了困，就再絞盡腦汁去想辦法；暫時在吃苦，就學著苦中作樂。

如果每個人都能夠把人生體驗當成一種寶貴的財富，那麼不管開心還是難過，美好還是糟糕，我們都可以視為「進帳」，人生就容易釋懷得多。

2

陳妮屬於那種三千年一開花，三千年一結果，再三千年才成熟的吃貨。

在她的眼裡，物質世界可以分成兩類：能吃的和不能吃的。而不能吃的，她認為最好的用途就是做成餐具。

她每天的信念都是一樣的——腦子裝不下的東西，就用肚子裝。她每天的願望也是一樣的——希望體重能「每滿五十減十」。

為了正宗的沙縣小吃，她真去了一趟沙縣；為了吃到正宗的蘭州拉麵，她特意跑了一趟甘肅。

別人的假期旅行都是圍繞景點來展開，她只會為了吃的做安排。

畢業的第五年，大學寢室的四個人在群裡聊近況。

一個說：「我終於脫單了。」

一個說：「我下個月結婚。」

一個說：「我要當媽媽了。」

而她說：「我現在一個人能吃完一整塊比薩。」

幾個人都要笑瘋了，然後七嘴八舌地勸她快點找對象：「你再拖就砸在自己手裡了」、「對啊對啊」……

她撇了撇嘴巴說：「白素貞一千歲才下山談戀愛，我急什麼？」

失戀了就拉著朋友去吃大餐，把嘴巴塞得滿滿的，就像一隻鼓著腮幫子的松鼠，邊吃還邊跟同伴強調：「不用安慰我，可憐這種東西與其掛在臉上，不如拌飯吃了。」

為了證明自己真的沒事，滿嘴油還吃著甜筒的她特意吟詩一首：「我是在大海裡自由徜徉的糖醋魚，你是在天空中恣意翱翔的麻辣雞翅。某個午後，你飛到水面問我：我們之間，究竟是誰比較下飯？」

有人在言語上冒犯到她了，她也不會發火，而是笑呵呵地問人家：「你出生後，是不是被你爸爸扔起來三次，但只被接住了兩次？」

提起曾經傷害過她的人，她也不說別人的壞話，而是擺出一臉的哀傷，一個字一個字地說：「唉，我大概是太想念他了，每次嗩吶一響，我就覺得走的是他。」

被媽媽逼去相親也不生氣，還在社群平臺裡講笑話：「昨天相了兩個親，一個有房，但太矮了；一個又高又帥，但是沒有房子。我糾結了一整晚，結果第二天媒婆回話了，說兩個都沒看上我。」

騎平衡車摔了一跤，兩個手肘都撞出血了，疼得直掉眼淚，之後逢人就像展示獎狀一樣展示自己的傷疤，還頗為得意地講：「你看看，摔得多慘，這種機會可不是人人都有的，大人每天活得那麼小心，哪有機會摔得這麼重？」

有次去拜訪一位特別煩人的客戶，客戶頻頻向她舉杯，她就從背包裡掏出一瓶優酪乳，一臉誠懇地說：「如果我今年二十一歲，我可以跟你乾八瓶白酒，可惜我現在才一歲零二百五十六個月，只能勉強喝兩瓶優酪乳，喝急了還會打嗝。」

客戶笑得都要趴地上了。

如果別人說她長胖了，她就會底氣十足地回應：「可愛之人，必有可胖之處。」然後故意頓了頓，再強調一句：「胖人九分財，不富也鎮宅！」

自己照鏡子的時候卻會喃喃自語：「嘖，你說好端端的一個人，怎麼說胖就胖了呢？」

說完又對著鏡子齜牙笑：「何以解憂？唯有烤肉！」

是的，只要還能吃得下去，人生就沒有過不去的坎。

吃飽了就會身心愉快，會神經抖擻，會不把頑固的事實放在眼裡，會覺得自己有本事跟彪悍的人生開個玩笑！

大人的世界有太多的不如意，所以要加倍地珍惜它偶爾流露出來的美好。

比如，在緊張工作的間隙來一杯可口的咖啡，在盛夏忙得汗流浹背時來一塊冰鎮西瓜，在孤獨煩悶的夜裡去樓下超市買一支草莓口味的冰淇淋……

同樣值得慶賀的還有，你切的馬鈴薯絲就是比別人切的細，你調的蘸料就是比別人調的好吃，你拍的照片就是比別人拍的更細膩，你總能在剛剛好的時間夾起涮得剛剛好的毛肚，你能確保每次吃撒尿牛丸都不會燙到嘴巴，你能用筷子從火鍋裡夾起翻滾的魚丸……

把自己身上這些細小的閃光點擦亮了，再放大，你就能擋住生活的無情碾壓。

把生活中的那點小美好記牢了，在難過的時候拿出來花，你就能跟生活兌換一份大號的快樂。

人生是一場看不見終點的長跑，也許你起跑落後，天賦平平，運氣不佳，但是只要你還在繼續往前跑，你就不算輸。

就算兔子根本不會傻到在比賽的時候呼呼大睡，就算烏龜依然會一次又一次地輸掉比賽，但還能怎麼辦呢？繼續爬囉。

快樂的活法是：知道自己要什麼，以及不要什麼；知道自己該愛誰，以及該愛怎樣就怎樣。

3

老羅宣佈三十億元的債務已經還了二十億元的時候，朱赫說自己強多了：「我十屁股債還了九屁股，還剩一屁股。」

說完了自己咯咯地樂，臉上的皺褶瞬間從下巴一直連到眼角外側，像一條新挖的運河，成功地全線貫通。

朱赫的命很苦。父親早年受了傷，從他有記憶起，就一直臥床不起，一家人靠母親幫人打零工勉強度日。

他上學靠的是助學貸款，生活費全靠自己打工。剛畢業獨自去了廣州，為了能省幾千塊錢的房租，一個人住在發生過凶案的「凶宅」裡。

後來因為不願意跟齷齪的主管同流合污，他一氣之下選擇了裸辭，結果不得不和五個陌生人擠在六坪的房間裡，一住就是大半年。

最慘的時候，身上就剩一百塊錢，挺了整整一個星期。每天買四塊餅分三頓吃，還不敢告訴任何人。

面對生活的諸多刁難，他是啞巴吃黃蓮，一口一個。

在沒人的路段，他走路會像小朋友一樣蹦蹦跳跳，但突然躥出來一個人，他馬上就正經起來。

朋友抱怨捷運修得太慢了，他樂呵呵地說：「大概是拿掏耳勺挖的吧。」

帶侄女去動物園，侄女問：「為什麼這些動物跟動物星球頻道裡的不一樣呢？」他說：「因為牠們在上班。」說完自己笑得停不下來。

閒下來的時候，他就去釣魚，釣不到也不煩，他說：「魚什麼時候來，那是魚的事。」

連續加了一個星期的班，大家都崩了好幾次，他卻還在寬慰大夥：「不想幹也得幹完，不如快點幹。都想開一點吧，起碼大家現在還有頭髮可以掉。」

和女朋友吵架，他就提議「擱置爭議」，然後兩個人互換角色，把剛才吵的事情再演一遍，結果會因為對方拙劣的演技而笑出鵝叫。

樂觀的好處就是擁有把糟糕的事情變得沒那麼糟糕的魔法。

如果一個人一直快樂，那麼他多數是裝出來的；但如果一直不快樂，那麼他多數是自找的。

過日子的你，就像動畫裡的喜羊羊，就像《西遊記》裡的唐三藏，幾乎每一集都會被抓，但每次都沒有被吃掉。

你拿這樣的生活沒什麼辦法，但只要你不自虐，不敷衍，不露怯，生活其實也拿你沒辦法。

慢慢你就會明白，「難過」的意思不是「這也太難了，我實在是過不去」，而是「難是難了點，但它終究會過去」。

失戀了，就想著去賺錢。

被開除了，就想著去旅行。

身體累了，就想著犒勞一下自己。

心煩了，就找個舒服的地方靜一靜。

怕就怕，你在不喜歡的人和事上弄丟了快樂，然後在喜歡的人和事上不知道該怎麼快樂。

怕就怕，你在該職業的時候職業不起來，在該玩的時候又放不開，在該爭取的時候想著退路，在熱戀的時候覺得還能遇到更好的。

那你憑什麼快樂？

把抱怨的時間用來解決問題，問題自然會越來越少；把比較的精力用來提升能力，人生的路自然是越走越寬。生活就是這樣，你把自己勸明白了，就什麼都解決了。

更神奇的是，當你發自內心地覺得快樂時，你會發現這個世界一點毛病都沒有！

對那些受過傷的運動員來說，最好的復出就是讓自己重回巔峰。

而對我們這些受過錯的普通人來說，最大的復出就是讓自己找回快樂。

如果你覺得自己不討人喜歡，就提醒一下自己：你是你的寵物在全世界七十幾億人中最喜歡的那個。

如果你覺得自己沒有用，就想想超級英雄的電影裡還有人當警察呢。

4

任何事情都可以換一個視角來重新解讀。

沒有得到你想要的，要慶賀，因為你有了一個值得追逐的確切目標。

得到了你想要的，要慶賀，因為你可以細細品味和體驗得償所願的喜悅。

明天混得比今天好，今天應該開心；明天比今天苦，今天更值得開心。

遇見一個糟糕的戀人可以看成好事，正是因為這個人才證明了純潔愛情的難能可貴，才打破了你對愛情的虛假幻想，才顛覆了你對緣分的僥倖心理。

遇見一份糟糕的工作也可以看成好事，正是因為苛刻的老闆和混帳的同事讓你認識到了職場的殘酷，知道了自己不適合做什麼，知道了提升自身能力的重要性和緊迫感，也因此有機會重新審視自己的職業規劃。

對心態好的人來說，人生就沒有真正的壞事。如果A計畫不行了，他們知道還有二十五個字母可以用。

什麼叫心態好？

就是對自己非常友好，就像是在自己的身體裡搭建了一間堅固的房子，不管外面的流言蜚語或者時尚潮流用多大的力氣衝擊，你都能安然無恙地躲在這間房子裡。

就是既受得了眼前的苟且，也護得了心裡的詩與遠方。

就是有書就好好讀，有事就好好做，到了睡覺時間就好好睡，遇到喜歡的人就勇敢去追，被人拒絕了就體面地離開。

就是看到比自己優秀的人就欣賞，但不嫉妒；看到不如自己的人就謙虛，但不輕視。

就是不管別人是看得上還是瞧不起，是喜歡還是討厭，說好說壞都不反駁。不陷入三觀之爭，實在意見不合就保持沉默；不道德綁架他人，也絕不道德綁架自己。

就是喜歡某個人，但允許他身上有自己討厭的地方；討厭某個人，但清楚他身上有值得自己學習的點。

願意為了某個目標全力以赴，同時又不抱十分的希望；把某件事情當成世界上最重要的事情對待，同時又知道這件事情根本就無關緊要。

就是不為沒有發生的事情提前操心，不為幻想出來的結果過度焦躁，不為還沒有兌現的承諾提前開心。

在平庸的物質生活中建立了迷人的精神世界，不妄圖一勞永逸，不幻想歲月靜好，也不企圖一步登天。

別怕生活的麻煩，別怕命運的顛簸，你該怕的是，被什麼潮流或者群體所裹挾，變得醉心於比較、抱怨、憤懣、享樂，不去讀書，不去思考，不再上進，不能發現身邊的美好，以至於有一天，你突然發現自己腦袋空空、兩手空空，只有一個灌滿了不甘和疲憊的身體，被生活按在一個無人問津的地方，動彈不得。

所以，你要認真地過好今天，並做好今天不會好過的準備；你要盡力去做你覺得對的事，然後接受它的事與願違。

這意味著你的內心，要足夠粗糙，否則天天都會因為一些小事難過；要足夠細膩，否則就感受不到身邊細小的美好與微小的感動；還要足夠強大，否則每一個行動都得像一塊餅似的，在理智的煎鍋上翻來覆去地炙烤。

不用妄自菲薄。你可能有三歲的耐心，加十八歲的迷茫，加七十歲的體力，以及正值壯年的胃。

但與此同時，你還有三歲的好奇，加十八歲的熱情，加七十歲的堅忍，以及上不封頂的可能性。

托爾斯泰說：「每個人都會有缺陷，就像是被上帝咬過的蘋果，有的人缺陷比較大，正是因為上帝特別喜歡他的芬芳。」

所以當你覺得自己特別倒楣的時候，就不要臉地勸自己一下：大概是因為自己太香了，被上帝咬得只剩下蘋果核了。

最後，記住兩個「一定」：

一定要在自我感覺良好的時候多來幾張自拍，畢竟這種「我怎麼這麼好看」的幻覺不是每天都有的。

一定要珍惜那個頻繁催婚的朋友，畢竟他是真的覺得你能找到對象。

嗯，願你小時候是個快樂的小朋友，長大了是個快樂的大人，老了是個快樂的老人。

Part 3

小鹿亂撞是神明的拜訪

◆如果有一天，你選擇結婚，我希望你是發自內心地覺得幸福，而不是鬆了一口氣，覺得自己總算完成了一個任務。

◆如果有一天，你選擇離婚，我希望你明白：離婚不是結婚的反義詞，因為結婚是為了幸福，離婚也是。

1 既許一人以偏愛，願盡餘生之慷慨

1

周姑娘早就做好了「一輩子不結婚」的打算，她甚至在社群平臺上抨擊過婚姻的功利：「婚姻就是做買賣，把長相、家庭、收入、潛力逐一估價，貨比三家之後，挑一個CP值最高的人，然後再討價還價地談婚論嫁，最後爭執糾纏地過一輩子。」

然而打臉的是，在跟宋先生戀愛的第六個月，她居然單膝跪地，當眾向宋先生求了婚。

打動周姑娘的，是宋先生的一則訊息。當時兩個人正在鬧情緒，周姑娘拒接了無數電話，宋先生就傳了一則訊息：

「我很嚴肅地告訴你，我現在非常生氣。但是，我還是希望你冷靜一下，不要做傻事傷害自己，不要說狠話來氣別人。雖然我覺得在這件事情上沒有做錯什麼，但你在電話裡的語氣好像很委屈，所以我想先從我自己身上找找原因。我想想為什麼，然後再來哄你。」

在周姑娘看來，一個連發脾氣都會為對方著想的人，她這輩子都不可能再遇到比他更好的了。

婚後的生活也證明了周姑娘的眼光確實不錯。

婆婆大人「駕到」的時候，突然就把周姑娘拉到一邊說：「家事你不可以都自己做，你要分一些給他，要不然你就太累了。」

周姑娘先是一愣，然後才明白過來：宋先生一直都跟婆婆說他在家什麼都不幹，說所有的家事都是周姑娘做的。

宋先生想買手機給他媽媽，就會對他媽媽說：「我可不捨得買這麼貴的手機給你，這可是你媳婦孝敬你的。」

如果是買酒給爸爸，就會對他爸說：「我都不記得要買東西給你，還是你媳婦有良心。」

偶爾也會拌嘴，但每次都是宋先生認輸，有哥們替他抱不平：「每次都是你輸，也太沒骨氣了吧？」

宋先生則樂呵呵地說：「為什麼一定要贏呢？贏了比一起吃早餐還重要嗎？」

婚姻幸福的祕訣就是：像維護自己一樣維護伴侶，然後你就會發現，在這路遙馬急的人間，真的會有人陪你手握屠龍寶刀，殺生活一個措手不及。

愛對了一個人，生活就像是儲值了ＶＩＰ。

就是你們各自都可以玩得很開心，但是因為有了對方，發現這個世界更好玩了。

就是他不需要向你承諾什麼，但是給了你看得見的在乎。就是他不富卻捨得為你花錢，你很忙但願意為他有空。就是因為你在，他不再招搖；因為他在，你不再動搖。

人類需要愛情和婚姻，不只是為了傳宗接代，人類真正需要的是：被喜歡的人親吻，被在乎的人關注，被欣賞的人視為珍寶，被中意的人引以為豪……

就像設定那麼多的節日一樣，不是為了禮物或紅包，而是為了愛與被愛。

所以我的建議是，當走在路上沒有話題的時候，就牽個小手吧；當不知道怎麼安慰對方的時候，就緊緊相擁吧；當有點不爽卻又不想道歉的時候，就試著接吻吧。

抱一抱就能解決的事情，就不要選擇冷戰了；找個臺階就能過去的小矛盾，就別留著過夜了。

當有一天，你深深地愛著一個人的時候，你大概就會理解那個叫周幽王的「二百五」為什麼會烽火戲諸侯了，要是你愛著的那個人會因此對你笑，真的，沒有什麼蠢事是你做不出來的。

2

盒子先生是個鋼鐵直男，活得就像一棵不會開花的樹。

他說得最狠的一句話是：「那種問『我和你媽同時掉水裡先救誰』的女生，就應該一個背摔扔出門去。」

但遇到桌子小姐之後，盒子先生整個人都變得「童話」了起來。

大清早去找桌子小姐的理由是：「今天穿了一雙總想去找你的鞋子。」

而晚上的理由變成了：「你們社區的路燈問我要不要去你們社區晃晃。」

剛開始談戀愛的時候，盒子先生的話特別多，連他自己都不明白怎麼有那麼多話想聊，像是要把自己的前世今生都告訴她。

做了一次成功的雞蛋糕，盒子先生恨不得送自己一面錦旗。他得意地對桌子小姐炫耀，就像是平日裡成績一塌糊塗的孩子，頭一回捧著獎狀回家。

第一次求婚，桌子小姐沒答應，她笑呵呵地說：「我還這麼年輕，腦袋都沒發育完全，我急什麼？」

盒子先生著急地說：「沒關係的，那沒關係的，結了婚，你再慢慢長吧。」

打動桌子小姐的，是盒子先生寫的一份備忘錄：

(1)她愛喝的是雪碧，愛吃的是榴槤，笑起來喜歡捂著嘴。

(2)她喜歡自己待著，沒事少去煩她，但其實也喜歡玩，所以要想好了怎麼玩再去約她。

(3)她看起來很膽小，但其實喜歡恐怖片，所以我得練練膽子。

(4)我想拍下所有關於她的瞬間，想記下所有關於她的事情，等老了牽著她皺巴巴的手，一張一張地翻給她看。

(5)保護她，相信她，不要說服她，不要改變她。

婚後的盒子先生拚了命地工作，桌子小姐心疼地說：「我不是那種愛錢的人。」盒子先生笑著說：「你不物質，那是你的教養，但我要給你更好的物質生活，這是我的責任。」

婚後的盒子先生對桌子小姐比婚前還要好，朋友半開玩笑地問：「都結了婚的人，怎麼還這麼親暱？」

盒子先生的回答非常感人：「結婚前，有很多男生對她好，我必須對她更好，才能追到她；結婚後，對她好的男生都跑了，我必須對她更好，才能不讓她失落。」

有一個喜歡的人太重要了。

在你打算稀裡糊塗地過普普通通的人生時，會因為對方而想再努力一點。

在那麼多疲憊不堪甚至抬不起頭的日子裡，會因為對方而覺得人生還有盼頭。

在充滿誘惑的世界，如果一個人能夠讓你安心，那麼這個人一定比這個世界更迷人。

在感情的世界裡，你是大人還是孩子，區別不是年齡，而是行為：孩子忙於證明自己是對的，而大人知道照顧對方的感受。

換個角度來說，愛一個人最緊要的事情不是討好，而是收斂：為對方改一改身上的臭毛病，清一清身邊的曖昧關係，壓一壓身體裡的貪婪和壞脾氣。

如此一來，他就能給你足夠的自由和信任去體驗這世界，而你就能回報給他足夠的克制和自覺。

就像《還珠格格》裡，小燕子對五阿哥說：「我只有一點點壞，小小的壞而已，最近我連柿子都沒有偷，上次經過好大一個橘子林，我好想偷幾個，一想到你不喜歡，我連一個都沒有摘呢。」

愛情其實是需要善良的，尤其表現在兩方面：

一是明知道對方依賴自己，但不會仗著這份依賴而擺出一副居高臨下的姿態。

二是明知道對方能接受自己的糟糕，但不會仗著這份恩寵就任由自己一直糟糕下去。

是的，雖然人類進化了幾萬年，但依然還是「一旦感受到了被愛就會快樂」的小動物。

3

每天睡覺之前，顧先生和妻子都會閒聊很久，平均算下來，顧先生一晚上能被踹五六腳。

妻子問：「你說結婚的人為什麼要放鞭炮啊？」

顧先生答：「大概是知道婚後的日子不好過，提前幫自己壯壯膽吧。」

第一腳。

妻子問：「你覺得赫本和袁莉誰比較好看？」

顧先生：「為什麼選項裡沒有你？」

妻子得意地笑：「那我、赫本、袁莉，誰最好看？」「赫本。」

第二腳。

妻子餓了，就對顧先生說：「你要是能下樓去買串燒回來，你要我做什麼都行。」

顧先生一溜小跑就下樓了，買回來後，妻子開始撒嬌：「你說吧，想要我做什麼？」

顧先生打開了烤串的包裝盒，邊吃邊說：「我想要你看著我吃。」

第三腳。

妻子翻看顧先生幾年前的動態：「你前女友好漂亮，我好自卑啊！」

顧先生答：「沒關係，我就喜歡不漂亮的。」

第四腳。

看電視的時候，妻子發現有人在抽菸，扭頭問：「如果我抽菸，你還會喜歡我嗎？」

顧先生樂呵呵地說：「別說抽菸，你抽鞭炮我都喜歡。」

第五腳。

什麼都沒說，妻子突然就踢了第六腳。

顧先生問：「為什麼踢我？」

妻子答：「沒為什麼，就是想踢。」

顧先生皺著眉毛控訴：「你不是仙女嗎，怎麼總喜歡動手動腳的？」

妻子把鼻孔對著他說：「我猜你可能誤會了仙女，仙女真的生氣了，是會拿著粉紅色的斧頭去劈你的！」

他們的愛情「戰事連連」，但這一點不影響他們在生活中「舉案齊眉」。

比如，妻子號稱買給顧先生的零食，其實都被妻子悄悄吃了；而顧先生號稱買給妻子的電子產品，最終都是被顧先生用。

比如，妻子會一臉嬌羞地說著狠話：「我發脾氣的時候，你就老老實實地聽著，等發完了，我示弱給你看。」

而顧先生則會一臉傲氣地說著話：「我在家的時候，想拖地就拖地，想洗碗就洗碗，想洗衣服就洗衣服，你管得著嗎？」

結婚四週年紀念日那天，顧先生發了一個很好玩的動態：

「四年前的今天拜了把子，四年後的今天還是兄弟。四年驗證不了什麼，頂多就是說明：我們都是婚齡只有四歲的小朋友。所以，我們要心知肚明一些事情，比如說：所謂的『無意冒犯』，基本上都是『有意為之』；常見的搗亂犯軸，基本上都是『看你能拿我怎樣』；某件事情上搪塞地說『我有什麼辦法』，實際上都是『我根本就不想做』；某次犯了小錯後的『實在對不起』，基本上都是說『下次我還敢犯』。反正仗著來日方長，我們還要互相傷害。」

妻子留言道：「這個寫得好，值得踢十腳。」

夫妻之間哪來那麼多的客客氣氣，甜的時候我們是夫妻，累的時候我們是兄弟。

討論未來時，我們是理智且負責的大人；吃喝玩樂時，我們是調皮且愛賴皮的小朋友。

他看起來沒有什麼特別之處，卻成了你別無他求的唯一；你也談不上哪裡出眾，對他來說卻是無與倫比的美麗。

他知道你說的「我開玩笑的」其實帶有一點點認真，知道你強調的「無所謂」其實是很在乎，也知道你講的「我沒事」其實是很難過。

他知道你表現出「不喜歡人間的一切」的原因是，「長久以來，你總是沒辦法擁有自己想要的東西」。

他明白你嘴裡的「我沒事」，就是「我很沮喪，我很沒有安全感，我缺乏關愛，我快要爆炸了」。

所以你每次歇斯底里地說「別理我」，都能換來一句厚臉皮的「我就不」。

他喜歡你，不只是因為你好看、好玩，或者適合結婚，而是在看見了你的狼狽與脆弱，理解了你的辛苦和平凡，接受了你的不美和不乖後，依然還想把肩膀和糖果都給你。

他能讀懂你的「使用說明書」和「注意事項」，知道你是「易燃易爆易碎品」，所以知道要「輕拿輕放」和「小心為上」，以及定期檢查，並帶你曬夠陽光。

他知道你所有的陰暗、無趣和平凡，卻依然給你足額的尊重、支持和偏愛。

他把你看透了，卻沒想過離開你；他知道你的糟糕，更明白你的好。

最神奇的是，明明和他交往的是已經長大成人的你，可你卻有一種錯覺，覺得他在某個瞬間穿越回到了你的童年，為那個站在玩具店門口噘著嘴巴、久久不肯離去的小女孩買下了她心心念念的芭比娃娃，然後，這個小女孩再也不會因為別人都有芭比娃娃自己沒有而難過、而自卑了。

他讓你走進人潮之後，不會因為自己的渺小和平凡而心慌。

當然了，如果他惹著你了，請先做幾個深呼吸，然後從十開始倒數，數到七的時候就開始揍他，他肯定想不到。

4

我讀過一個女生向男生表白的情書，她說自己在朋友面前假裝是個好笑的人，但實際上是個無聊、膽小、古怪的人。所以她渴望有人能拍拍她的肩膀說：「古怪就古怪吧，也很好。」

我曾看過一篇文章，說一個老太太做完手術，同甘共苦的老先生就搬了個小板凳，抄了兩個多小時的護理常識。

我曾問過一個老先生「愛情是什麼」，他說：「我也不知道，我就記得我高三的時候就喜歡她，現在『三高』了，還喜歡。」

愛上一個人是什麼感覺呢？

就像是，前一秒你想把他藏起來，像松鼠藏堅果過冬一樣，放在世界上最隱祕的地方；可下一秒你卻想將他告知天下，像金榜題名那樣，滿心歡喜且引以為傲。

就像是，你本來不是什麼浪漫的人，甚至還有點悲觀，但只是看到那個人對自己笑，你就會覺得這個世界好像也是可以被歌頌一下的。

因為我愛你，所以就算全世界都在催你快點長大，我依然覺得你還可以做個小孩；就算全世界都在教你克制、成熟、穩重，我依然認為，你想怎樣就怎樣。

2 般配是愛情的成就，而不是前提

1

感情有三大誤會：

一是誤以為愛情必須是甜的。不管是愛一天，還是愛一輩子，一旦發現愛情不甜了，就認為這段感情壞掉了。

二是誤以為生活出了問題，結個婚就能解決了，而一旦婚姻出了問題，生個孩子就能解決了。

三是誤以為追到手了，或者結婚了，戀愛這件事情就結束了。

所以，我們經常看到很多少男少女在追求時表現得特別熱烈，甚至到了孤注一擲的程度，抱著「追到手再說」或者「結了婚再說」的心態。

可真的在一起了或者結婚了，他們就會發現：對方並沒有想像的那麼好。被追的人覺得對方變冷淡了，追求的人覺得對方沒那麼有吸引力了，兩個人都有了巨大的落差感。

實際上，愛情並不保證甜，婚姻也解決不了幸福的問題，唯有你變好了，你的愛情和生活才能一併得救。

「在一起」不是愛情的合格證書，「結婚了」也不是愛情的畢業證書，這只不過是不同階段的入學錄取通知書而已。

在每個階段，你都要繼續學習，因為還有很多的考試。比如，喜好不同、興趣不同、生活習慣不同、聚少離多、婆媳矛盾、育兒矛盾、瑣碎家務等。

愛是理解，是忍讓，不是瞪著眼珠子倔強。

沒有煉獄般的相互磨合，哪有心有靈犀的一生浪漫？

2

在一檔關於離婚的綜藝節目裡，一對夫妻時隔十五年後再次見面了，他們曾在一起生活了二十六年，直到快五十歲才離婚。

前妻為了給前夫留個好印象，特意去做了頭髮，她說她緊張得好幾個晚上沒能睡好覺，但是很顯然，前夫並沒有注意到前妻的用心。

見面時，前妻小心翼翼地寒暄：「你吃飯了嗎？」、「肚子餓不餓？」、「昨天睡得怎麼樣？」

然後，前妻問了一個讓人想哭的問題：「和我結婚了那麼多年，你會不會覺得那些時間都是浪費？」

一個人的一生能有幾個二十六年呢？

我想說的是，愛的時候要勇敢說愛，不愛的時候也要勇敢說拜拜。

你只需記住，和一個人從認識，到喜歡，到相愛，再到分開，這一切是無心插柳，也是宇宙安排。

沒有違背良知和道德的分手不是不負責，為了結婚而結婚才是不負責。

最新的法律條文告訴我們，離婚需要冷靜期。卻很少有人告訴我們，結婚才是更需要冷靜的事情。

有多少人的婚姻是：想忍，卻忍不了；想離，又離不了；想過，卻過不好；想逃，又逃不掉；想留，又留不住？

關於婚姻的無奈，張愛玲寫得很婉轉：「娶了紅玫瑰，久而久之，紅的變成了牆上的一抹蚊子血，白的還是『床前明月光』；娶了白玫瑰，白的便是衣服上沾的一粒飯黏子，紅的卻是心口上一顆朱砂痣。」

錢鍾書則寫得更直白：「愛情多半是不成功的，要嘛是苦於終成眷屬的厭倦，要嘛是苦於未能終成眷屬的悲哀。」

你跟對方說「腳扭到了」，對方回覆「哦」。

你說今天上班路上看到了一隻超萌的猴子，他說「哦」。

你說今天熱門搜尋裡又出了什麼大事，他看著手機說「哦」。
你會心裡涼涼的：「我剛剛是放了一個屁嗎？」
時間再久一點，你不只是「下凡的天使折了翼」，甚至「連器官都沒了」。
你請他幫忙找下遙控器，他會問你：「你沒長眼睛啊？」
你請他幫忙給手機充電，他會問你：「你沒長手啊？」
你跟他講今天自己的糗事，他會問你：「你是不是沒長腦子啊？」
所以我的建議是，沒娶的別慌，待嫁的別忙。真的不用為大齡晚婚而犯愁，很多人婚後照樣單身。
你結婚有多草率，離婚就有多輕率；你結婚有多隨便，離婚就可以有多不負責。
怕就怕，你二十幾歲和一個根本就沒有話聊的人著急忙慌地結了婚，受了幾年「話不投機半句多」的窩囊氣，然後回頭去罵當年的自己「太瞎了」，最後得出的結論是：「婚姻也不過如此」。
真不希望你變成那種人：快五十歲了，才狠下心離婚，然後一邊流著眼淚，一邊承認自己從來沒有愛過自己的另一半。

3

看過一篇妻子的自述，是關於經營愛情的。

她剛懷孕時，在廁所裡吐得昏天暗地，丈夫卻端坐在電視機前，嗑著瓜子笑得前仰後倒。

吐完之後，她就問丈夫：「剛才我都吐成那樣了，你怎麼不過去看我一眼？」

丈夫一臉無辜地回答道：「我去看你一眼，你又不能舒服一點。」

這要是換其他人，估計早就「炸」了，但她沒有。

第二次要吐的時候，她就主動說：「我要吐了，你快點幫我拿衛生紙。」

丈夫馬上起身，然後飛快地衝進廁所，看著她吐得都快要站不住了，丈夫心疼地說：「怎麼這麼嚴重啊？」

她隨後吩咐他去拿毛巾、倒熱水，丈夫也一一完成了。因為親眼看見了嘔吐的過程，丈夫明顯變得溫柔了很多，不停地問：「好點了嗎？」

她及時地給出了積極的回饋：「好多了，幸虧有你在。」

從這以後，只要她想吐，丈夫就會飛快地拿衛生紙、毛巾和熱水。然後一直陪著，滿眼都是心疼。

親密關係有一條很重要的原則是：你要主動做出改變，對方才有可能跟著改變；你要說清楚自己想要什麼，對方才有可能明白你的真實意圖。

不要因為他的不理解、不明白、不浪漫、不配合，就很快得出一堆悲觀的結論：「他變得不愛我了」、「我怎麼嫁了這樣一個東西」、「我早就該知道他根本就不喜歡我」……

不如反思一下：「我的需求是什麼，我真的講清楚了嗎？」

你覺得自己想要的非常簡單，但對某個木魚腦袋來說，其資訊量不亞於一部《永樂大典》。

所以，哪些地方不滿，就直接告訴對方；哪些事情有想法，就直接和對方提出來，而不是指望什麼「心有靈犀」或者「感同身受」。

怕就怕，明明是想要他早一點回家陪自己，可一出口就是：「薪水那麼少，還天天加班，你圖什麼？」

明明是想告訴他，「不用急著回訊息，忙完了再回覆也是可以的」，結果張嘴就是：「真不知道你每天都在瞎忙些什麼。」

明明是想讓他多陪自己說說話，可一開口就是：「一天到晚只知道打遊戲，能不能有點出息。」

明明想要冰淇淋，不告訴他，讓他猜，他興高采烈買回來奶油蛋糕，你就生氣了，然後失望地對他說：「我以為你懂我。」

總之就是：不會示弱，不會直說，不會求和，只會發火。

也許你今天的心情很鬱悶，因為被討厭的同事陰了，因為沒趕上電梯遲到了一分鐘，因為升遷名單上沒有你的名字，因為爸爸媽媽生病了……

所以看到他的時候，本意是想要關心，想要安慰，可心裡的無名邪火無處宣洩，只好對他劈頭蓋臉。

可是，他做錯了什麼？為什麼要莫名地挨一頓狠話？

不要在心裡偷偷地給他打叉，然後扣分，實際上，對方根本就不知道你發生了什麼，你的暴跳如雷在對方看來就是「小題大作」和「吃飽撐著」。

你們的爭吵根本就不在一個點上，你只知道自己很委屈，而他只知道他沒做錯什麼。

也不要以「拚命對他好」的方式來換取「他可能做出改變」，更不要用發脾氣的方式來逼著對方改變。

感情最可怕的不是變心，而是內耗，是互不賞識，互相否定。

都說婚姻是愛情的墳墓，但如果婚姻裡的兩個人都能多一點肝膽相照的義氣，少一點互相拆臺的戾氣，或許你們就能不那麼苛責睡在旁邊的兄弟。

切記，愛是成全，不是掌控，是如他所是，而非如你所願。

4

那麼婚姻到底是什麼呢？

一個七十多歲的老人說：「婚姻就是我午夜三點醒來的時候，口渴或者傷口痛，我只需要捅捅睡在旁邊的那個人，她就知道，我要喝水。」

一個三十多歲的女人說：「婚姻就是睜一隻眼閉一隻眼。我接受他的缺點，他包容我的缺點，兩個人相互嫌棄，卻又不離不棄。」

一個剛剛開始創業的男人說：「婚姻就是可以掏心掏肺地說幾句話，不管大事小情，都可以放心地對她說，不需要瞻前顧後，不需要猛翻通訊錄，一個轉身，就能抱到。」

一個五十多歲的教授說：「婚姻就是忍耐。一個人吼的時候，另一個就得聽著。如果兩人同時吼，就沒有交流了，只有雜訊和『想弄死對方的情緒』。」

一個剛結婚的女人說：「婚姻就是你把手機裡所有的音樂都刪掉了，只留下最喜歡的那首歌。從此做好了無限循環的打算，從喜歡到厭倦，到再次喜歡，最後變成習慣。」

一個過了七年之癢的男人說：「我不知道婚姻是什麼，只是覺得生活難免要落俗，難免會有雞毛蒜皮的瑣事，難免會因為日趨平淡的生活而心生不滿，難免會因為各種開支而疲憊不堪，但是，如果必須要選一個人來與我一起承受，我會毫不猶豫地選擇她。」

當然了，步入婚姻的殿堂不等於進了幸福的天堂，婚姻常常是生活的另一個戰場的入口。

所以，婚後的兩個人要比婚前更忠誠。你們對新鮮的異性不再蠢蠢欲動，對過往的感情不再耿耿於懷。心無旁騖不是因為沒有機會，而是因為對道德有要求，對欲望有管理，對感情有潔癖。

婚後的兩個人要比婚前更堅定。順風順水的時候，你們是同遊世界的玩伴；風雨欲來的時候，你們是拜了把子的兄弟。

你們以信任之心，不限制對方的自由；又以珍惜之心，不濫用自己的自由。

婚後的兩個人還需要比婚前更努力。你們努力提升謀生的技能，努力變得寬容、快樂和穩固，努力把家經營成一個堅固的殼，以此去抵擋生活的明槍暗箭和命運的暴風驟雨。

換言之，在這個自顧不暇的年代，於雙方而言，「照顧好自己」就是最經濟實惠的「我愛你」。

般配不是婚姻的前提，而是愛情的成就。

就像林語堂寫的那樣：「所謂美滿婚姻，不過是夫妻彼此遷就和習慣的結果，就像一雙新鞋，穿久了便變得合腳了。」

幸福不是懸在終點的終極獎賞，而是在婚姻長跑路上頻繁出現的能量補給。

就像王小波對李銀河說的那樣：「我們就像兩個在海邊玩耍的孩子，一會兒發現個貝殼，一會兒又發現個貝殼，樂此不疲，哪有時間厭倦？」

所以，當你發現眼下這段感情不新鮮、沒意思了，你就該反思自己是不是最近犯懶了，是不是沒有精進自己，是不是沒有花心思去給這份感情注入一些快樂的東西。

不要怪人心善變，也不要說愛情不可靠。肯定的言辭、欣賞的態度、用心的禮物、包容的胸懷、平等的交流、積極的分擔、努力的成長，這些都是愛情的「保鮮劑」。

每個人的感情之路上都有一個必經之處：

總有那麼一天，你會放下心裡那些不切實際的幻想，不再要求對方凡事都能恰到好處；你會慢慢開始欣賞眼前這個平凡的人看似幼稚的付出，包容他的不周到、不完美，懂得他掏出一顆熱烈真心時的那種小心翼翼的笨拙的可貴。

實際上，每個人都需要被理解、被信任、被認同、被支持、被尊重、被偏愛。

所以，每個人都應該主動去理解、去信任、去讚美、去支持、去尊重、去偏心。

緣是天意，分在人為。緣分最美妙的地方，不是在茫茫人海中悄然相遇，而是在人來人往裡沒有分開。

5

很多人都怕結婚，到底是在怕什麼呢？

大概是，怕談婚論嫁提及彩禮的時候討價還價，怕兩個人因此陌生得就像是一對精明的生意人。

怕婚禮上信誓旦旦地說完「我愛你」，轉身就因為拌了幾句嘴就說「離婚吧」。

怕傳說中讓人頭大的婆媳矛盾，怕自己淪為「他和他媽媽合力欺負的外人」。

怕處理不好兩個家庭的關係，最後不得不「夾著尾巴做人」。

怕應付不了本就捉襟見肘的經濟壓力，讓稍有起色的生活「一夜歸零」。

怕有了孩子卻無法給他富足的生活，而自己好像也沒有偉大到要為一個人做那麼大的犧牲。

怕自己迫於壓力而跟一個不合適的人綁在一起，然後被零碎的日常搥來搥去，漸漸消磨掉彼此間本就不多的好感，直至放棄對愛情的信仰。

也許是因為遇到過幾個錯的人，所以你開始懷疑是自己的問題。也許是在漫長的等待之後，你對愛情沒什麼幻想了。

也許是受了幾次傷，你對愛情沒那麼信任了。

也許是聽說了幾個不幸福的故事，你對愛情心生畏懼了。

結果是，沒結婚的人抱怨結婚的門檻太高了：「遇不到合適的人」、「拿不出足夠的聘金」、「買不起婚房」、「沒有登記的勇氣」、「沒有耐心養小孩」……而結婚的人則哀怨離婚太難了：「孩子還小」、「離婚了我怎麼過」、「親朋好友會怎麼說」、「不喜歡又能怎麼樣，都這麼大年紀了」……

婚姻給了你和另一個人一次次相愛的機會，可悲的是，很多人卻把婚姻當成了愛情的終點。

不好的婚姻擁有某種暗黑的能量，能讓公主變成碎嘴的老太婆，能讓騎士變成一事無成的平民，能讓一個人的光芒萬丈把另一個人的懦弱照得發慌。

所以我的建議是，不要因為怕剩下就急著出手，一定會有那麼一罐幸運的可樂，在把努力累積的氣泡都吐完之後，碰到一個只是喜歡焦糖的人。

不用擔心活成了榴槤就自降身價，你只需等到那個識貨的人，他知道你外表的刺，其實是保護你內心的甜。

不要為了體驗愛情而去談情說愛，愛情並不好玩，甚至很危險，你的能力、魅力和閱歷根本就不能保證讓你全身而退。

不管你選了結婚、戀愛還是單身，你都要想清楚三件事情：

(1) 你要找的不是託付終身的人，而是相愛到老的人。這意味著，你最好是在沒結婚的時候就活得很好，這樣結婚了才會活得很好。

(2)婚戀的選擇權從來都在你自己手上，不管你是聽了誰的勸，還是受了誰的騙，最終都是你自己選的。

(3)任何一種選擇都意味著有所放棄。感情有一萬種形式，唯獨沒有一種叫「完美」。所以一定想清楚：「我願意為這個選擇放棄什麼？」

怕就怕，你明明圖的是感情，所以沒有介意對方的家境和收入，結果在談婚論嫁的時候，卻逼著對方拿出幾百萬元的聘金和幾千萬元的房子。

你明明圖的是錢財，所以選了一個牛高馬大的有錢人，結果在婚後卻又抱怨對方只顧著工作和應酬，沒有把感情和時間花在你身上。

你明明圖的是長相，所以沒那麼在意對方的閱歷、學歷和思想深度，結果相處下來卻又嫌棄對方的淺薄、無趣，以及不會賺錢、不會做家事……

愛情這場考試沒有規定的交卷時間，也沒有可供參考的標準答案。

有的人十八歲就遇見了愛情，有的人要等到八十一歲才能碰見真愛。

有的人覺得看別人的手機非常可怕，有的人則認為不給看手機非常可疑。

有的人就是喜歡把對方的好公之於眾，因為覺得太好了，恨不得跟全世界炫耀。

有的人就是喜歡默默地為某個人付出，他願意為某個人吃苦，且不打算借此來邀功。

幸福不是流水線上批量生產的罐頭，你的幸福是什麼樣子，只有你自己可以定義。

如果有一天，你選擇結婚，我希望你是發自內心地覺得幸福，而不是鬆了一口氣，覺得自己總算完成了一個任務。

如果有一天，你選擇離婚，我希望你明白：離婚不是結婚的反義詞，因為結婚是為了幸福，離婚也是。

3 不要想著要感動誰，有些人的心靈是沒有窗戶的

1

見到可樂時，他癱坐在沙發上，就像一個被卸了電池的電動玩具。

他說他打算改名叫「可笑」，還煞有介事地解釋道：「以前覺得自己可愛笑了，現在丟了『愛』，只剩下可笑了。」

讓他失魂落魄的原因是，他追了三年的女生今天舉辦了婚禮。可樂不請自來，擠在祝福的人群裡微笑著崩潰了好幾回。

我問他：「為什麼偏要去？」

他的回答無比卑微：「去看看吧，既然我是一張不及格的考卷，那我就想看一下正確答案長什麼樣子。」

可樂追求的女生在交友圈裡也混得很開，早在大學時就已「名聲在外」。幾個好友陸續發過「警告信」給可樂，說這個女生的「哥哥們」遍佈各大院校，說她每天寢室熄燈之後還在壓低聲音跟各個「哥哥」通電話，一個接一個地聊著心事，像極了午夜情感電臺的

DJ。

可樂早就知道，可偏要視死如歸，就像明知道陷阱在哪裡，可還是一路小跑步著往裡面跳。

很多時候啊，人扮出一副很深情的樣子，僅僅是為了演一齣好戲給自己看。不幸的是，真的只有你自己看。

備胎就像抽屜裡的備份鑰匙，像電梯間的滅火器，常年都在等待某個讓對方覺得糟糕的情況發生。但很顯然，糟糕的是可樂。

他給我看了幾張他和女生的聊天截圖，氣得我直翻白眼。

比如，為了討女生歡心，可樂用他熬夜寫程式賺的兩萬多元買了一個包包送給女生，女生沒有拒絕，卻也沒怎麼背。

可樂就問女生：「你是不喜歡嗎？」

女生的回答是：「難道你送我一條裙子，我大冬天也得穿出去嗎？」

比如，女生和朋友聚會，可樂就傳了一堆的「注意安全」、「別喝酒」、「幾點結束」……可全都石沉大海。

第二天，可樂委屈巴巴地對女生說：「我等了你一個晚上的訊息。」

女生的原話是：「我要你等了嗎？」

自尊心上頭的時候，可樂也曾狠下心對女生說：「不喜歡就算了，怪我打擾了，告辭。」

可第二天女生跟他問了個早安，他就把自尊心放進馬桶裡沖走了，然後屁顛屁顛地去幫人送早餐，當保全，道晚安。

他說：「剛才在路上遇見了一個遛狗的，狗主人要狗過來，狗就過來，要狗叫喚幾聲，狗就叫幾聲，特別聽話。然後我就突然好難過，我也是隨叫隨到啊，我對她沒完沒了地說『天冷了要多穿衣服』、『不吃早餐對胃不好』、『我想你了』，大概和狗叫沒什麼兩樣。」

我只說了一句話：「杯子碎了和心碎了，都可以說『碎碎平安』。」

你說愛情有多神奇，作為獵物的你，憂傷的居然不是因為被獵，而是因為自己並非獵人唯一的目標。

你竭盡所能地付出也換不來感動，而對方一個表情就能讓你甘願把一輩子的愛傾囊相授。

你沒完沒了地滑著他的社群帳號、抖音、動態，小心翼翼地偷窺他的生活，一言不發地注視著他的幸福，就像一個破產的人，在隔著窗玻璃，偷看別人在自己的房子裡吃飯。

你就像是一張張寫滿了字的便利貼，直到被丟棄了，還心心念念他寫的那一串電話號碼有沒有撥通、他下一次約會有沒有遲到、他冰箱裡的剩飯剩菜有沒有及時扔掉、他要見的那個客戶有沒有很兇。

你沒日沒夜地想著他，沒完沒了地討好他，就像是在說：「你看我這麼努力地愛你，你可千萬不要喜歡別人啊！」

而他卻三天兩頭地玩消失，動不動就冷戰，就像是在回應你：「你到底喜歡我什麼呢，我改還不行嗎？」

恕我直言：不要怪別人不回你的訊息，誰叫你總是傳訊息給別人呢？

不要怪別人不喜歡你，誰叫你偏要喜歡那個不喜歡你的人呢？

如果真心換不了真心，那就換人。不愛你的人看起來是滿踐的，可你的刪除鍵也不是玩具槍啊！

再說了，愛不能只靠毅力。一個已經不喜歡你的人，你一直喜歡是不禮貌的。

不要追問「你到底喜不喜歡我」、「我到底有沒有機會」了。要說多少次呢？「感受不到」就是「沒有」。

也不要再追問「我在你心裡到底算什麼」。你還能是什麼？無非是他一睜開眼就想馬上按掉的鬧鐘，是他只想快點滑過去的垃圾簡訊，是一堆讓他覺得難堪的問題和唯恐逃之不及的麻煩。

所以，不要想著要感動誰，有些人的心靈是沒有窗戶的。

2

收到丁姑娘的訊息時，我剛吃過午飯，點開訊息一看，居然是一張離婚證書的照片。我傳了一連串的問號過去，她回了我一連串的「哈哈」。然後，她炫耀似的跟我強調辦離婚那天是五月二十一號：「登記結婚的人超多，可他們一個個臉上的表情看起來還沒有我高興，哈哈哈。」

丁姑娘的婚齡才八個月，但戀愛期長達八年。房子是男方婚前買的，沒有孩子，也沒有高額的財產可分，所以這婚離得很容易。

她說她是上午發現他出軌的破事，中午就約到戶政事務所見，下午兩點拿到離婚證書，三點半左右在房屋仲介那裡租了一間帶院子的兩房，四點左右接通了網路線，五點從男方家裡打包了一堆東西離開，晚上八點把租來的房子收拾完畢。

再看手機的時候，已經有十多通未接電話和幾十則訊息，大部分是男方的，他還找了他的父母和共同的朋友求情。

丁姑娘只回了他一句：「我長話短說吧，就一個字：滾！」

我八卦地問：「你是怎麼發現他出軌的？」

她說：「就是一起吃烤肉的時候，他手機響了，他非常緊張地看了我一下。我當時正在使勁嚼一塊牛肉，心裡就想，有訊息你看手機啊，你看我做什麼？」

我問：「就這樣？」

她說：「當然不只，精彩的在後面。後來他去洗手間，走出去十幾公尺了突然又折回來，僅僅是為了拿手機，再然後，他好半天才回來。我越想越不對勁，認識他這麼多年，他從來都不會這樣。」

我：「後來呢？」

她：「等他從洗手間出來，我就迎了過去，然後騙他說：『剛才我媽打電話給我，沒說兩句，我手機就沒電了，借你手機用一下，我怕她有什麼急事。』然後，他幫我解鎖了他的手機，我就拿著手機，一邊打一邊往洗手間走，然後，我看到了我不該看到的一切。」

我問：「有沒有想過要給他一次改錯的機會？」

她的回答超級酷：「大家都是大人了，分得清是非對錯，既然你知道什麼是錯的，還要去做，那你就是故意的，那還改什麼？」

我又問：「那身為離婚的女人，你現在是什麼感受？」

她一臉正經地說：「離婚之後，白天還好，還能用工作來麻痺自己，到了晚上，我必須捂著被子才能睡覺，不然真的會笑出聲來。」

人一旦決心不愛了，就什麼顧慮都沒有了，那種碾壓式的自信就會噴湧而出。

是裝出來的嘴硬也好，是打碎牙齒往肚子裡咽的委屈也罷，難過是肯定的，但總比嗯心強。

因為你很清楚：世上所有的錯過，都無須重逢！

也許最讓你難過並不是某個人的「中途離場」，而是想起他曾經的海誓山盟，又想著將來要和另一個人共度餘生，你會覺得人生挺沒勁的。

也許你最想知道的並不是他們的狗血故事，而是懷疑當初一起看過的花，踩過的雪，賞過的月，是否只是自己的一廂情願。

但我想說的是，愛情又不是奧運聖火，並非點燃了就不允許熄滅的。

不要三天兩頭地提醒他「你得這樣做，才是在乎我」，也不要沒完沒了地威脅他「你別那樣做，我會難過的」。

不要追問：「我到底哪裡比不上她？」你該想一想，他那種人哪裡配得上你？

也不要問主動選擇離開的那個人：「我到底做錯了什麼？」你更應該想一下：「我做對了什麼？」

你的媽媽花了十個月的時間為你鍛造了這一身好皮囊，你的爸爸花了二十年的時間培育出知書達禮的靈魂，怎麼可以因為一個混蛋的辜負，就苛責這皮囊，就自損這靈魂呢？

如果你想表現出大度，那就祝他快樂且長命富貴；如果你想表現出冷酷，那就祝他孤獨且長命百歲。

如果你什麼都不想表現，那就祝他吃飯有人餵，走路有人推。

3

你需要他來關心的樣子，就像一個小朋友拖拖拉拉地想要買玩具，而他的不耐煩就像一個不近人情的媽媽，冷冰冰、惡狠狠地對你說：「你夠了！再鬧我就把你丟在這裡！」

你受了委屈跟他傾訴的樣子，就像一個小朋友在學校裡受了欺負，而他的回應就像一個混蛋爸爸，聽不出一點憐愛不說，還會對你吼：「只知道哭，你開心一點行不行啊？」

所以我的建議是，愛別人要適可而止，愛自己要全心全意。

他說睏了，你就說晚安；他說忙，你就說再見；他說不愛了，你就說慢走不送。給他空間，給自己尊嚴。

當然了，如果你實在放不下，那就多去糾纏幾次，多不要臉幾次，看看他不耐煩的態度，聽聽他嫌棄的聲音，想想他對你唯恐避之不及的謊言，你的心應該是會涼的。

想對現在還是單身的人說，請務必記住此時的美好，如果哪天脫單了，卻發現戀愛遠沒有單身好玩，那麼你就要考慮馬上分開。

想對內心驕傲的人說，如果沒有銷聲匿跡的勇氣，就不要滿心憤懣地去跟人說拜拜。別人不僅不會挽留你，甚至還有可能犯嘀咕：「這人怎麼還不滾？」

如果收到了情書，請一定要認真聽清楚對方說了什麼，不然你就不知道他要你轉交給誰。

如果有人捧著玫瑰出現在你面前，請一定要鎮定地聽他把話說完，因為他很有可能對你說：「麻煩讓一下吧。」

4 世間所有的愛都是為了相聚，唯有父母的愛是指向分離

1

一個從農村走出去的、已經在外地定居的男生說，吃完年夜飯之後，老父親突然把他拉到一邊，非常謹慎地對他說：「兒啊，我明年不想種田了，年紀大了，種不動了。」

然後抬頭看著男生，一臉愧疚的神色，像是在徵求他的同意。

男生的眼淚一下子就流出來了，他說那一刻特別想告訴老父親：「愧疚的不是你，是我啊！」

一個剛剛大學畢業的年輕人說，在爸爸生命最後的日子裡，爸爸表現得非常樂觀，經常講笑話，逗得他和媽媽笑個不停。

但在某個清晨，他突然撞見了爸爸的崩潰，他在門縫裡看見爸爸坐在病床上泣不成聲，一邊哭一邊「控訴」：「老天爺啊，你怎麼就這麼殘忍呢，就不能多給我幾年命，哪怕兩年也行啊，我就能幫我兒子存到房子的頭期啊！他剛剛畢業，什麼都沒有，以後怎麼辦啊？」

父母有多卑微呢？只要子女不開心，他們就覺得自己不配開心。

而做子女的，一生要扮演那麼多角色：學生、朋友、戀人、下屬、主管……要過很久、要經歷很多事情之後才會明白：只有「為人子女」這個角色是最好當的，卻也是當得最爛的。

2

經不住早教中心的反覆邀約，老曹帶著三歲半的兒子試聽了一節樂高課。

老曹心裡其實是抗拒的，因為在他看來就是去玩。

但很顯然，他兒子玩得很嗨，破天荒地主動舉手回答了老師的問題，還跟同齡的小朋友合作搭建了城堡。現場的氛圍真的很好，新奇的玩具真的很多，手舞足蹈的兒子真的很開心。

在試聽課的結尾，熱情的老師眉飛色舞地講解著早教課程的意義，老曹有點動心了，尤其是看到兒子那麼開心，但他偷瞄了一眼價目表：一年十一萬，還是打折後。

他腦海裡飛速地盤算出整個家庭一年的開支，又掂量了一下自己的收入，最終結論是：真的上不起。

他尷尬地對老師微笑，然後搖頭，再將死活不肯走的兒子硬抱走了。兒子趴在他肩膀上又哭又鬧，指著早教中心的大門大喊著「我還要玩」。

他說他兒子將來一定會恨自己，恨他沒本事，就像他這麼多年來一直都怨恨他的父親。恨他當年沒有給自己買學校門口販賣部的那輛四驅車，恨他這麼多年從來沒有帶自己去過動物園，恨他從來沒有想過帶自己出門旅遊……

那一刻，老曹淚流滿面，他特別想跟父親說一句「對不起」，可惜父親早就不在了。

眼淚大致可以分成三種，小時候流淚是因為得不到，成長過程中流淚是因為失去了，而成熟之後流淚是因為來不及了。

人哪，總要歷經坎坷，才能明白父母的疼愛其實沒有惡意；總要親自撞了南牆，才能理解父母的苦心其實全憑真心。

那麼你呢？

你小時候不理解父母為什麼不能賺大錢、為什麼一家人過得那麼艱難。

你覺得自己長大了一定比爸爸厲害，結果等你親自去跟生活過招了才發現，錢太難賺了，而自己跟爸爸也差得太遠了。

你既沒有吃苦的能力，也沒有堅忍的性格，僅僅是做一份工作（或學業）就已經忙得焦頭爛額了。

你甚至會心生感慨：「爸媽哪來這麼多錢把我養這麼大呢？還要給我買房的頭期，還要給我結婚的錢，他們真的太厲害了。我連婚都不敢結，連孩子都不敢生，既嫌麻煩，也沒有耐心，因為我的錢自己都不夠花。」

你曾經怪爸媽沒怎麼陪自己，在很多人生中的重大時刻，他們都是缺席的，你甚至因此記恨了他們很久。

後來你成家立業了，當你為了生活而不得不離開子女，當每一次分別都哭成淚人的時候，你漸漸理解了父母當年的「狠心」。

你十幾歲的時候看到爸爸因為粥太燙就跟媽媽大吵一架，然後吵著吵著就突然哭起來了，那是你唯一一次看見爸爸哭。

後來，你長大成人了，每天面對孩子、還不完的房貸車貸，做著一份看不到未來的工作，每天回家就聽見另一半抱怨這不舒服、那不滿意……

你這才明白：爸爸當年不是被燙哭的，只是突然崩潰了。

你有了孩子最深的感悟不是開銷太大和精力被佔用太多，而是終於理解了媽媽。

你說現在三個人幫忙帶一個孩子都累得想死，那當年媽媽一個人帶自己，還得把生活安排得井井有條，她該有多辛苦啊？

你以前總覺得父母在束縛自己，所以為了遠離他們，你故意去很遠的地方上大學，故意去很遠的地方工作，你以為脫離了父母的束縛就等於得到了自由。

遠離了父母的你，就像一個曾被殖民過的國家重獲了自由。但是，要獨自去面對生活的暴風驟雨時，又顯得信心不足。

在那座待了幾年卻依然覺得自己是個異鄉人的城市，你的生活舉目無親，你的工作惶惶不安，你的交際一團糟，你的吃喝拉撒都需要精打細算……

你這才突然明白，自己只是得到了天空，卻失去了大地。

愛就像一場輪迴，你在父母曾經走過的路上拾級而上，最後才慢慢明白：所謂的長大成人，其實就是，你一天比一天更接近天空，而父母卻一寸又一寸地歸於塵土。

3

在一個談話類節目中，男嘉賓說：「我成績不好，不會做飯，不會照顧自己，直到媽媽臨走的那一刻，她可能都覺得她的兒子是個不成功的人。」

女嘉賓趕忙糾正道：「她不會的，我是個做媽媽的人，媽媽永遠都不會覺得她的孩子是個不成功的人，她只是擔心你照顧不好自己而已。」

媽媽頂著一個名為「媽媽」的頭銜，面對的是生活的七零八碎、身材的走樣、情緒的起伏，算不上舒服的生活把曾經漂亮、自信、乾淨、整潔的女孩磨成了滿臉皺紋、自信消失、魅力全無的大嬸……而這還不是最糟糕的。

最糟糕的是，她這樣辛苦地活著，卻看著自己寄予厚望的寶貝正在日漸一日地變成一個喪窮弱的傢伙——時不時對世界失望，時不時放縱自己，時不時傷害自己。

這讓她覺得自己沒做好，哪怕她已經竭盡所能了，可還是覺得對你有虧欠；哪怕她是拿自己的心鋪成的路，可還是怕你走上去撞到了腳。

你的媽媽也許溫柔，也許軟弱，也許不講理，但不管她認識你多久，她不懂你都是正常的，因為她一輩子都生活在她的圈子和階層裡，她沒機會去見你見過的世界，沒機會去體驗你有幸體驗的人生。

所以，你應該努力變優秀，並且對她有耐心，然後帶她去見識更大的世界，而不是站在她有限的認知的外面，指責她的無知和狹隘。

同樣地，你的爸爸之所以每天看起來都愁容滿面，說話也無聊乏味，是因為他一睜開眼睛，周圍都是要依靠他的人，卻沒有他可以依靠的人。

曾經在你眼裡是能夠搞定所有麻煩的英雄，可如今，他的超能力貌似消失了。你也終於明白，超人其實還是人，也有他搞不定的、卑微的、內疚的、遺憾的事情，他之所以還能挺住，是因為他必須以「父親」的名義站在那裡。

爸爸也許木訥，也許寡言，也許不近人情，但可以肯定的是，他並不具備一眼就看穿你的超能力。

所以，看到你頹廢、慵懶、沮喪的時候，他只能簡單地說一句「振作起來」、「要加油啊」，你就算沒辦法做到，也應該勉為其難地回一句：「我會的，爸爸。」

對父母而言，兒女就像是前世的債主。

如果兒女沒本事，父母就會力爭當好一艘渡人的小船，在閉眼之前，把兒女能送多遠就送多遠。

如果兒女有本事，他們自己就是乘風破浪的大郵輪了，父母就會想著當好郵輪上的救生艇，萬一出了什麼狀況，他們還能把兒女送到岸邊。

其實父母也會害怕，也覺得辛苦，只是因為兒女的存在，他們知道了還有比害怕更重要的東西，所以握起了長劍，變成了英雄。

為人子女的要明白：父母對你的要求和指點，不是在找碴，不是維護權威，也不是想要操控你的人生，只是因為他們習慣了父母這個身分。他們為你操勞了一輩子，他們擔心你搞不定生活，擔心你做不好大人，擔心你工作上偷懶犯傻，擔心你感情上被騙、被欺負……所以只要還活著，他們對你的擔心就沒辦法停下來。

所以，不要因為回家沒意思就不回，不要因為父母絮叨就逃跑，不要一回家就盯著手機裡的熱鬧，不要把「你又不懂」、「你又不知道」、「你又幫不上什麼忙」掛在嘴邊……

也不要因為一點小過失就對父母疾言厲色，不要緊盯著父母與生俱來的不完美，去瞭解他們是如何在外面打拚的，去看看他們是如何卑微地向這個世界低聲下氣的。

時間奪去了父母的青春，讓他們的身體衰老、觀念落後、記憶減退，甚至會變得邋遢，不能自理……

但你千萬不要忘了，他們的青春都花在了誰的身上。

所謂父母，就是你以一聲「爸媽」為噱頭，向他們沒完沒了地索取；而他們以「爸媽」之名為枷鎖，對你毫無保留地付出。

就是對著你的背影有時驕傲，有時憂心，有時想多叮囑幾句，有時又欲言又止，有時想追上去卻又不敢聲張，有時想多幫一把卻又力不從心，有時把命都給你了卻還覺得沒給夠，最後只能微笑地迎來送往。

4

一個新潮的女生說，前幾天穿了一件時髦的外套，跟媽媽炫耀的時候問了一句：「有沒有範兒[7]？」結果媽媽回答說：「有有有，在鍋子裡，我去幫你盛。」

女生憋著笑，吃了兩大碗。

一個吃貨大晚上在社群平臺發了幾張令人垂涎欲滴的美食照片，還踐了一句：「深夜報復社會。」

7 指派頭、氣質。

結果他爸爸馬上就打電話過來了：「你搞什麼啊？有問題跟我們講啊，不要亂來。」

這個吃貨笑得快要岔氣了，最後說：「你明天幫我做一份油燜大蝦，我就沒事了。」

一個奧迪車主把車子借給朋友當禮車，車子送回來的時候，外殼上面有一些膠水沒洗乾淨，車主的老父親看見了，直接用鋼絲球擦了一個上午。

看著「傷痕累累」的車子，車主沒有生氣，而是很感動地說：「擦得可真仔細啊。」

一個進城做工程的小夥子說，在離家的前一個晚上，父親誤把行動硬碟當成了移動電源，充了一個晚上。

早上，他拿著滾燙的行動硬碟，放棄了安全教育，轉而開心地對父親說：「這次就不怕路上沒電了。」

一個醫生的母親幾年前因為中風導致了癱瘓，母親開始覺得自己是個累贅，甚至想過結束生命。

醫生就對母親說：「媽，我最近總是遲到，主管都批評了好幾回，你以後能不能每天都叫我起床啊？」

從那之後，她母親每天都會把自己從床上撐起來，一瘸一拐地挪到她的房門口，準時地把她叫醒。

所謂孝順，就是理解父母的良苦用心，包容他們的錯誤，體諒他們的不完美，順從他們的不變通，以及最重要的——永遠永遠要讓他們覺得自己還有用處。

每個人的父母都會犯錯，工作太忙的會缺失陪伴，讀書不多的會不懂教育，觀念守舊的會引發衝突。可生而為人，每天要面對那麼多的雞毛蒜皮，誰能做到完美無缺？

當你惱火於父母經常被保健食品欺騙的時候，你何嘗又不是網紅產品的韭菜？

當你嘲笑父母燒香拜佛是迷信的時候，你轉發的錦鯉和心心念念的星座又算什麼？

當你不可一世地把一張臭臉甩給他們，告訴他們這錯了、那少管的時候，你知道自己的樣子有多麼惡毒嗎？

小時候，你很愛父母；成長的路上，你開始批評父母；等成熟之後，你開始原諒他們。

以前的你很討厭父母之間「比孩子」，覺得那很幼稚，但現在的你會很努力變得優秀一點，既是希望自己成功的速度能夠趕上父母老去的速度，也是希望自己能夠滿足父母的小小虛榮。

因為你知道，請媽媽吃的那份一千多元的水煮魚夠她跟人說兩百多遍，在機場拍的那幾張合照夠爸爸看好幾年，而平時類似於薪水漲了、職位升了、談戀愛了、拍了好玩的照片、吃了好吃的東西……這些發生在你身上的事情足以讓父母乏味的生活變得五彩斑斕。

是的，溺愛孩子也許不對，但溺愛父母怎麼樣都不算過分。

兒時心目中的那個超人，因為生活的重擔，他早已變成了一個糟老頭；兒時眼裡的巧婦，因為歲月的侵蝕，她慢慢變成了一個嘮叨的婦女。

相比幾年前迫不及待要去遠方看看，如今的你更希望拿出假期的大部分時間在溫柔的燈光下和家人吃幾頓飯。

相比較以前忐忑於失敗、批評和誤解，如今的你更害怕聽到任何與病痛、意外、死亡有關的新聞，每年的生日和新年願望都變成了「祝家人身體健康」。

人生最大的教養，就是接受父母的平凡。

5

從出生的那天起，你就已經走在遠離父母的路上了。

你先是從媽媽的身體裡脫離，然後是從爸爸的懷抱裡掙脫，再是從家裡摔門而出，最後是換一座城市另起爐灶。

你的一生都是在賣力地跟父母告別，而父母卻在用一生對你說「路上小心啊」。

當兒行千里成為當代人的常態時，為人子女最容易犯的錯誤就是：以為父母會永遠都在。

你總是很忙，忙著工作，忙著逐夢，忙著討好，忙著觥籌交錯……卻唯獨沒有時間待在父母身邊。

你總是在等，等功成名就，等忙完這陣子，等找到對象，等拿下這個項目……但等來的只是白髮越來越多的、身體越來越差的、步伐越來越慢的、講話越來越小心翼翼的兩個老人……

你總是打斷他們的勸告，忽視他們的建議，違背他們的意願，拒絕他們的關心，甚至有意無意地告訴他們：「你們已經沒用了，我不需要你們了。」

時間就像小偷，它喬裝打扮，然後像個賊一樣潛入你家。它會用雙手抓住父母的頭髮，用拳頭猛擊父母的牙齒，用吹風機的最熱模式烘乾父母皮膚上的光澤，偷走他們眼裡的光彩、耳朵裡的聲音、舌尖上的味覺、腸胃的韌性……

而你，就是時間的同謀！

時間帶走了媽媽的美麗，帶走了爸爸的脾氣，它讓蒼老幾乎以肉眼可見的速度在父母身體上發生。

所以，在力所能及的範圍內，在一切還來得及之前，請對父母多一點關心，多幾句問候，多幾次閒聊，多幾回敞開心扉，多幾分體諒。

哪怕只是讓他們多看幾眼，哪怕只是在廚房裡幫忙遞個盤子，哪怕只是一起吃頓飯，哪怕只是拿一件舊物共同回憶往昔。

小的時候，你希望爸爸媽媽能少說兩句；長大後，爸爸媽媽卻希望你能多說兩句。他們總是強調「不用惦記我」，卻在每次接到你的電話時欣喜若狂；他們總是嘮叨「別亂花錢，我什麼都不缺」，卻在每次收到你的禮物時恨不得跟全世界炫耀。

所以，不要讓父母的懂事成為你冷漠的理由。

切記，來日方長的下一步往往都是後會無期，睹物思人的後半句永遠都是物是人非。

父母生前，為他們多盛一次飯，遠勝過百年後為他們燒萬炷高香；父母生前，讓他們對你多一點放心，遠勝過在他們百年後買天價的風水寶地。

最後，讀一首戴暢的小詩吧：「瀑布的水逆流而上，蒲公英的種子從遠處飄回，聚成傘的模樣，太陽從西邊升起，落向東方。子彈退回槍膛，運動員回到起跑線，我交回錄取通知書，忘了十年寒窗。廚房裡飄來飯菜的香，你把我的考卷簽好名字，關掉電視，幫我把書包背上。你還在我身旁。」

5 如果僅僅只是喜歡，就不要誇張成愛

1

星期五的晚上，我被一個女生的私訊嚇了一大跳。她說她仔細數了一下，至今已經談了三十八次戀愛。

我問她多大了，她說她是個二十三歲的老阿姨了，剛剛大學畢業，也剛剛分手，有一些困惑，想問問我的看法。

提問之前，她傳了兩張她的照片給我，大概是想說：「你看看，我長得還是挺不錯的吧。」

她說：「我不是那種故意玩弄別人感情的人，每個戀愛對象都是對上眼了才開始談的，可最長的一段戀愛也就五個月。我想問一下老楊，為什麼我談戀愛的時間越來越短了？」

我答道：「大概是因為你太招人喜歡了，所以一旦眼前這個人讓你稍微有點不爽，你就想著換下一個，反正你又不缺人喜歡。」

其實我還挺想多問一句：你是不是覺得，如果讓前任判斷，自己和五千萬應該挺難選的？

戀愛多而且短，很重要的一個原因是開始得太容易了。

才認識三分鐘就能愛得死去活來，表白成功了就卿卿我我，不成功就獨自淒淒慘慘戚戚，傷感了幾首歌的時間，轉身就去找下一個。

剛剛還信誓旦旦地說「我願意等你一輩子」，結果對方訊息沒有秒回就會氣急敗壞地問：「你死了嗎？」

他不知道你討厭什麼，因為你不敢說你討厭他走路時雙手插口袋的臭屁樣子，也不敢說你其實沒那麼喜歡他推薦的電影和音樂。

而他連你喜歡吃什麼都沒弄清楚，就大言不慚地說「我養你啊」；連你生氣了都看不出來，就好意思說「愛你愛到了骨子裡」。

心裡有困惑，寧願去問問答網站、問臉書、問官方帳號，也不願跟自己的戀人坐下來心平氣和地、開誠佈公地說出各自的疑惑、顧慮以及真心話。

遇到問題不是想著解決，而是直接忽略掉帶來問題的人，你的內心戲是：「憑什麼要我遷就你啊？追我的人那可是排著長隊呢！」

結果是，每段感情都不清不楚地開始，又不明不白地結束，幼稚得就像幼稚園的小朋友玩家家酒。

一旦發現自己的付出沒能贏得喝彩就覺得心寒，一旦發現對方會錯了意就想快速離場。

這像極了嚴歌苓在《芳華》裡寫的那樣：「那是個混帳的年齡，你心裡身體裡都是愛，愛渾身滿心亂竄。給誰是不重要的。」

有的人以為心動就是愛，其實你愛的只是用新鮮感製造出來的怦然，並不是那個人。所以，只是三兩個月的時間，當你看膩了他的皮相，習慣了他的聲音，熟悉了他的擁抱，他就變成了跑光了氣的可樂，再也不能讓你怦然心動了。

於是，你馬不停蹄地去找下一瓶可樂。

有的人談戀愛就像是吃東西，其實自己並不餓，但看到好吃的就嘴饞了，尤其是看到別人都在吃，所以就決定吃了。可吃到嘴的時候又覺得沒那麼好吃，然後後悔。

沒過多久，再重複一次。

這哪是愛情，只是兩個孤獨又無聊的人互相配合著打發時間罷了。一個用深情來掩飾自己對異性的渴望，一個用深情掩飾自己對被愛的渴望，僅此而已。

2

瞿姑娘屬於微胖的類型，她男朋友則是又瘦又長，兩個人擁抱的時候，就像是一雙筷子夾著一塊五花肉。

他們戀愛了一年零三個月，但男生從來沒有曬過瞿姑娘的照片，理由是「不喜歡曬恩愛」。

結果分手後的第三十六天，男生就在社群平臺上瘋狂地曬他的新女友。

瞿姑娘後知後覺地說：「原來他不是不喜歡曬恩愛，而是覺得我帶不出場。」

她這才想起來，一起看電影的時候看見熟人了，男生緊張地撒開了自己的手。

一起去喝咖啡的當天，男生發了動態，但只是發了一個杯子。

他們一起去旅行的時候，男生只發了風景照，其間還多次拒絕了瞿姑娘的合照要求……

想到這些，瞿姑娘的臉色越來越難看，就像是突然意識到自己吃過的東西其實早就被蒼蠅叮過。

被認為帶不出場是什麼感受呢？

就是動不動就把「你太胖了」、「你就別來了」、「你要不自己先走吧」、「你就沒有別的衣服了嗎」、「你能不能化個妝啊」掛在嘴邊。

就是你們養的阿貓阿狗天天三百六十度無死角地出鏡，但你到死了也沒機會露個臉。

很多時候，讓人心灰意冷以致決心放手的，常常不是因為他的窮、醜、懶，不是不回訊息、不主動聯繫、不把自己曬到社群平臺上，而是對方咄咄逼人的態度和語氣、顯而易見的敷衍和不耐煩，以及不經意間流露出來的看不上和無所謂。

所以，如果僅僅只是喜歡，就不要誇張成愛。這種愛有什麼用呢，又不是最愛，又不是偏愛！

大家都是大人了，不愛了或者想分開了，是可以清清楚楚講出來的，犯不著故意隱瞞、拖延，也用不著撒著彌天大謊卻做見不得人的勾當。

到最後，讓人生氣的不是你的花心，而是你在浪費時間。

想對「被認為帶不出場」的倒楣蛋說：

感情開始的時候，你要確認一下「我喜不喜歡面前的這個人」，以及「我喜不喜歡當下的自己」。如果因為喜歡他而變得卑微，甚至連自己都瞧不起自己了，就說明這段關係並不適合你。

合適的重要證據是：你們一起成長了，共同升值了，對未來有更多期待了，而不是讓你慢慢長成一張被生活欺負過的臉。

想對有著謎之自信的混蛋說：如果你覺得她普通，就不要讚美她的笑容；如果你看不上他的平凡，就不要享受他的陪伴。

這個世界除了極少數的男神女神，大部分人的外貌都是有缺點的，大部分人的才華都是存在不足的。保護、鼓勵、理解，看著對方一天天在自己的愛護下變好、變優秀，這是作為戀人的義務。

你不能把對方的愛踩在腳下，把自己墊得高高的，再回過頭去鄙視他。你真的配得上這份愛嗎？

你不能每次都要求飛蛾別來撲火，蠟燭是不是也可以自己滅掉？

一個善意的提醒：請務必珍惜眼前這個掏心掏肺對你好的人，因為你不知道還要再等多久才能遇到另一個瞎了眼的。

3

在向喜歡的女生表白之後，Q先生被對方狠狠地拒絕了。他慘兮兮地跟我說：「我難過死了。」

他說他真的很愛那個女生，可以為她付出一切，可以為她做任何改變，甚至是為她去死。可是這個女生既不欣賞他，也看不到他的誠意。

他還給我看了一下女生的回覆，看完之後，我真想起身給這個女生鼓掌。

女生的原話是：「我不會對你熱情的原因是，我房租、水電費自己掏，肚子餓、沒衣服穿自己解決，感冒發燒自己去醫院，寂寞無聊自己看電影，沒錢自己熬……你說我憑什麼對你熱情？難道就憑你一句『我好喜歡你』、『我又想你了』？請問你在開什麼玩笑？」

Q先生對我說：「我感覺自己是個廢物。」

我用意念回覆道：「有自信一點，把『感覺』兩個字拿掉。」

一個大人，理應在追求戀人的過程中，不斷地提升自己，可以是拓展見識，可以是努力加薪，也可以是美容或者健身，但絕不應該只用「我會對你好」這種虛無縹緲的東西去追求一個各方面條件都遠好於自己的異性。

愛情是一個強者和另一個強者的風花雪月，而不是一個弱者對一個強者的苦大仇深。

是的，雖然你沒有豪宅豪車，沒有潘安之貌，甚至沒有一份像樣的工作，但是，你可以每天早上跑五條街為別人買豆漿油條。

你說，這麼好的你，多適合做外送。

一個人如果沒有正確的三觀，沒有穩定的情緒，沒有成熟的性格，沒有獨立的經濟條件，稍微做了點什麼就覺得自己「付出了很多」，這根本就不叫愛，這叫耽誤。

難道別人要以你喜歡他為榮？難道你喜歡他、覺得他比別人好，他就得為你的不會說話、不會做人、不上進買單？

我想說的是，被優秀的人拒之門外，首先要低頭審視自己配不配，而不是責怪對方為什麼讓自己這麼狼狽！

你只是空口無憑地說「我可以把我的一切都給你」，但問題是，你的一切不還是一無所有嗎？

當然了，如果你只是單純地想知道一個人的品味如何，那你就試著跟他表白，如果他沒答應，說明他的品味還可以。

如果你只是單純地想要個朋友，你可以去找你暗戀的某某表白，對方有極大機率會告訴你「我們還是適合做朋友」。

4

凌子失戀的時候把所有的動態都清空了，只留了一句話：「我以為愛可以排除萬難，不承想萬難之後還有萬難。」

凌子剛和男生在一起的時候，所有人都反對。因為男生沒有工作，有時連房租都交不起。但凌子就是鬼迷心竅地喜歡他。

然後，她幫男生打點關係，幫他貸款，幫他創業。結果新公司剛有了一點起色，男生轉身就去找他的前女友複合了。

凌子問我：「我實在搞不明白，為什麼他不一開始就去找他的前女友呢？」

我近乎殘忍地回覆道：「大概是因為他需要錢，所以才選擇了你；大概是因為怕前女友太辛苦，所以等賺到錢了才去找她。」

她問：「那我該怎麼辦啊？」

我說：「你應該去找個沒人的地方，正經八百地大哭一場。畢竟是一把剛遮完風、擋完雨就被拋棄的傘，總得去無人的角落裡再獨自流一會兒眼淚。」

一段感情，如果全程都是靠錢來撐著，那跟進了ＩＣＵ有什麼區別？

曾有人寫道：「人生像條大河，可能風景清麗，更可能驚濤駭浪。你需要的伴侶，最好是那能夠和你並肩立在船頭，淺斟低唱兩岸風光，同時更能在驚濤駭浪中緊緊握住你的手不放的人。換句話說，最好她本身不是你必須應付的驚濤駭浪。」

電池不是突然就剩百分之一的電量的，太陽也不是突然就日暮西山的，他也不是突然就不喜歡你的。

你只是從一場噩夢中醒來，現在要做的事情是讓自己明白那不過是場夢。

等你徹底醒了，你就會意識到：自己還有很多事情要做，還有很多地方要去，還有很多好東西要吃，到那時，你誰都可以失去。

不管他是巨蟹還是雙魚，不管他是來自一線城市還是十八線，也不管你們發生了什麼，他只是他，代表不了一座城市、一種職業、一個星座；你還是你，不必瞧不起自己，也不必給自己不好的心理暗示，你的下一任可以是任何人。

你遠離了山，才能看見山的偉岸；你上了岸，才能看見海的澎湃；你離開了他，才能知道他到底是個什麼鬼東西。

5

戀愛的次數一多，人就會對愛情失去知覺。

你會發現，跟誰都不來電，卻似乎跟誰都能調情。喜不喜歡似乎並不重要，只要不討厭就可以互相糾纏。

結果是，一段感情隨時都可以開始，隨地都能結束。

就算是開始了，你也出奇地平靜。你只是覺得有人陪著吃飯逛街的感覺挺好的，但跟這個人好不好沒什麼關係。

你的動態裡看不出一點脫單的痕跡，如果不是被人撞見了，你是不會主動跟誰說的。

但你也沒有拿他當備胎，你不願意公之於眾是因為你很清楚感情這東西稍縱即逝，而你又不確定你們還能談多久，說不定過個馬路就各走一方了。

即便真的到了分手的那一步，你也不會很難過。

他假裝為難地對你說：「唉呀，我覺得，我們不太適合，要不分手吧。」

你爽快地回了一個「好」字。

然後，你把之前捨不得買的鞋子買下來了，又喊死黨出去吃了頓大餐。

晚上回到家，你用心地敷了個面膜，臨睡前稍微傷感了一下下：「怎麼又單身了，我這輩子是不是要孤獨終老了啊？」

然後你很快就睡著了，第二天醒來照鏡子，居然還覺得自己變好看了。

更神奇的是，沒過幾天，和你分手的那個人在社群平臺上曬了新戀人，而你一點都不覺得難過，甚至因為看到他現任的醜照時，你開心得就像是中了頭獎，這種快樂甚至足以支撐你再熬一次二〇二二年。

久而久之，每個人都學會了精打細算，想用最少的時間賺最多的偏愛，卻忘了：比時間更稀缺的是對一個人的理解，比嘴甜更重要的是抵禦誘惑的自覺，比眼緣更關鍵的是替對方著想的誠意。

所以我的建議是，不要急著開始，不要急著上床，不要急著談婚論嫁，不管你是愛還是被愛，都要弄清楚「我想要什麼」以及「他想要什麼」。

是一紙婚約，是一個玩伴，是一生摯愛，又或者僅僅是「到年齡了」的無奈之舉？

弄清這些很重要。

不要以為自己的愛情大公無私，也不要誤以為別人的殷勤毫無企圖。哪有不自私的深情？哪有沒要求的厚意？感情的超市，什麼都是透明標價。

Part 4

人和人之間還是見外一點比較好

◆ 如果連你自己都覺得應該卑躬屈膝，那麼別人當然不會覺得你值得尊重。

◆ 如果連你自己都不清楚自己的籬笆在哪裡，那你就別怪他人侵犯你的莊園。

◆ 切記，人身上散發著的兔子氣味，老狐狸永遠嗅得出來。

1 散夥是人間常態，只有極個別是例外

1

我和我的朋友有一種天然的默契——你跌倒了，我當然會去扶你，但你要先等我笑完。

所以，每當我和朋友表達對某個人、某件事的憤怒或者不爽時，他們都會語重心長地對我說：「哈哈哈哈哈哈哈。」

我覺得這樣特別好：

一來，表明我說的話他們確實聽進去了。

二來，爆笑讓他們沒機會提出讓我惱火或者更焦慮的建議。

三來，我的負能量非但沒有影響到他們，反倒帶了快樂給他們。

友情很奇怪，有時候是「一方有難，八方支援」，有時候是「一方有難，八方按讚」，但更常見的是「走著走著，就散了」。

你以為他的沉默是較勁，其實是失望；他以為你的不解釋是妥協，其實是疏遠。於

是，你們悄無聲息地告別了。

2

大週末的，琴子突然甩了一個紅包給我：「老楊，心裡悶得慌，陪我聊會兒天。」我還沒答應呢，她就開始講了。

事情大致是這樣的，她最好的閨密說過完春節來看她，結果一直拖到中秋節還沒動身。

琴子三天兩頭就去催一下，直到大前天，閨密回話給她了：「我這就去見你。」

琴子高興得都快要蹦起來了，她熬夜做了一套完整的遊玩計畫，涵蓋了吃喝玩樂住行的每一個細節。她幻想兩個人一如既往地談天說地，盡興地暢談過去、現在和未來。

琴子再三地提醒閨密當地的天氣和溫度，還用心地準備了一大桌子菜等著閨密到來。但等來的只是閨密的電話。原來，閨密是開車來的，同行的還有閨密的男朋友、閨密的兩個同事，以及兩隻狗。而男朋友的哥們今天請客吃飯，吃完了會去唱歌，飯店就在那附近。所以閨密當天不來見琴子了，把和琴子的見面推到了第二天晚上。

琴子一個勁地說「好」，但其實失望透了。

她以為閨密是專程來看自己的，沒想到自己排在那麼多事情的後面。

第二天晚上的見面也很潦草，本就內向的琴子在那個鬧哄哄的房間裡非常侷促。幾句簡單的寒暄之後，閨密一行人就匆忙地離開了，因為還要去下一座城市。

琴子期待了大半年的「見面」，兩個人一起聊了不到二十句話。

琴子理解不了，也接受不了：「她這算什麼啊？我們可是最好的朋友，怎麼突然就變成這樣了呢？」

我回覆道：「你們能像禮物一樣出現在對方的生命中，這已經非常美好了，但是你要知道：大多數禮物都只能重要一陣子。」

人生就像是搭車遠行，你和某個人只能短暫地同行一段路，到了站，再不捨得，他都會下車，或者換到別的車廂。

對於已經下車的人，你可能要過很久才能意識到，自己與他的上次見面就是彼此人生的最後一面。

而對於那個換到別的車廂的人，你當然可以去找他，可惜你再也沒辦法像當初那樣坐在他的旁邊了，因為已經有人了。

大人的友誼比想像中要脆弱得多，不過是不聯繫了就會自行消失，不過是「我傳給你的最後那則訊息，你很久都不回覆，那我就有默契地再也不傳了」。

別看每個人都有一堆聯絡人，都有先進的通訊管道和便捷的APP，並且都表現出很瞭解某個人的樣子，但只要通訊軟體一刪，手機和社交帳號一換，就會和九成的老友互相蒸發在彼此的人生中。

這世上既然存在突如其來的遇見和始料未及的歡喜，也自然會有猝不及防的分離和毫無留戀的散場。

我們沒有辦法，這種無力的感覺就像是，你使出渾身解數，打出了你認為最犀利的組合拳，而對方卻紋絲不動；就像是，你追著一隻鹿跑了好遠，箭筒裡最後一支箭也已經射出去了，而鹿卻安然無恙。

你只需接受，也只能接受。

所以，不想失望的話，就永遠不要高估自己在別人心目中的位置。

不用耿耿於懷，不用思來想去，不用苦苦挽留，也不用細究對錯。壞消息是，沒有人會永遠陪你；但好消息是，永遠會有人陪你。

沒有誰是不可取代的。你將一個老友拉入黑名單，不久也會有一個新人通過了好友申請。

你被某人的社群帳號拒之門外，也意味著你會收到另一個人社群帳號的「歡迎光臨」。

只是希望你，在下一場關係中，變得優秀、好看、得體，值得被愛，也值得被珍惜。

你的每一次「變動」或者「升級」都註定會失去一部分老友，因為他們無法看到你這個位置的世界。所以聊不來是必然的，關係變淡是肯定的。你們不可避免地要從人生的十字路口悄然告別，然後單槍匹馬地各奔東西。

而長大的一個標誌就是適應各種形式的離別，包括罵罵咧咧地撕破臉皮，淒淒慘慘地用力說再見，以及悄無聲息地再也不見。

沒關係的，既然大家都是在人海裡浮沉，那麼你就得接受有人會突然溺亡。

3

董小姐不知道自己是怎麼把Q姑娘給弄丟的。

當她在寢室裡發燒到攝氏三十九點五度，在床上捲得就像一隻烤熟的大蝦時，Q姑娘心疼得直掉眼淚。

而當Q姑娘因為失戀痛哭流涕，且到處都找不到衛生紙時，董小姐可以直接用手給她擤鼻涕。

她們曾經那麼好，以至於董小姐以為她們會是一輩子的朋友。但誰都沒想到，一輩子的盡頭是大學畢業。

畢業那天，兩個人在機場大廳裡抱頭痛哭，之後就非常有默契地「沒怎麼聯繫了」。

有一次，董小姐在動態裡曬了一張看醫生的照片。Q姑娘留言給她：「照顧好自己。」

董小姐開心到要飛起來了，她興奮地點開對話視窗，先是輸入了：「哈哈，你終於現身了，我還以為你人間蒸發了呢！」然後刪了，她覺得太唐突了。

又敲了一句：「太高興了，你還惦記著我呢。」想了一下又刪了，覺得太酸了。

最後想了好半天，只是在原先的留言下面回了兩個字：「謝謝。」

再後來，Q姑娘在社交平臺裡曬出了新戀情，男友是個長得很乖的男生，董小姐看到的第一反應是：「這也不是Q姑娘喜歡的類型啊。」

但董小姐沒有留言，沒有按讚，也沒有借此機會去私聊或者八卦，就是一滑而過了。

而最近的一次聯繫是三年前，董小姐突然收到了Q姑娘的訊息：「剛才在路邊看到一個人，跟你好像。」

董小姐回：「你這是想我了吧？」

Q姑娘回：「呵呵。」

董小姐本以為這段對話的後續是「我們一起吃個飯吧」或者「我們見個面吧」，但是，她們很有默契地誰也沒提。

不是當初的情分不夠真，而是有的人只能陪你走一程。而你能做的就是：在有緣相聚時用心珍惜，在分道揚鑣後各自珍重。

很多人都有類似的困惑：

小學很玩得來的人，一畢業就失去聯繫了，國中如此、高中如此、大學如此，就連現在工作了依然如此。

在每個環境裡都能找到玩得很好的朋友，可一旦離開了那個環境，這段關係就會自動終結。

從曾經的「可以開隨便哪種玩笑」到如今的「按個讚都要反覆掂量」。

從曾經的「你不理我，我就揍你」到如今的「一個不主動，另一個也不主動」。

從曾經的「隱身對其可見」到如今的「線上對其隱身」……

明明當初那麼要好的兩個人，突然就陌生了，沒有任何矛盾，沒有利益糾葛，沒有背叛，沒有鬥爭，沒有交惡，就像一條河，突然分了汊，悄無聲息地流向兩個方向。

實際上，你和大多數人的關係都是：既沒有壞到形同陌路，也無法好到推心置腹。

你們只是巧合地進了一所大學，只是被分到了一間寢室，只是湊巧進了同一家公司。

當時的他需要一個在此時此地能陪自己的人，而當時的你想避免一個人吃飯、一個人看電影的尷尬。

你們結伴同行，看起來感情很深，但也只是在各取所需；你們形影不離，互訴衷腸，但也不過是因為離得很近。

所以，一旦有人換了寢室，畢了業，又或者換了工作，你們當初的親密感就會瞬間土崩瓦解。

時過境遷卻要求感情一如從前，這和刻舟求劍有什麼分別？

殘酷的真相是：沒有誰是真的消失了，只是在和比你更重要的人聯繫著。

換言之，不是友情這種東西太淺薄，而是你們之前只是在淺薄地交往著；不是誰變了，只是露餡了。

沒有說明緣由就從你的世界裡消失的人，其實都是在無聲地告訴你：「不必追。」

4

散夥是人生的常態，我們都不是例外。

長大的過程就像是從開闊的平原慢慢走進了迷霧森林中。之前是風光旖旎的大平原，你們當然可以邊走邊玩，可一旦進了迷霧森林，那裡麻煩密佈，險象環生，每個人都要用九十分的精力走自己的路，找以後的出路，那麼「散夥」是再正常不過的事情。

大家都不是故意要與你疏遠的，只是因為後來的生活中有了比「跟你聯繫」重要得多的事情要忙。

結果是，曾經兩塊錢一分鐘的長途電話，你們可以聊到「傾家蕩產」；如今一千多分鐘的免費通話，卻不知道該打給誰。

慢慢你就會明白，「祝你前程似錦」的意思就是「我們再也不見」，而「後會有期」的意思就是「和您拜拜囉」。

大人的友誼是不深究，是不解釋，是心照不宣，是自然而然，是一種冰冷的默契。

比如，我絮絮叨叨地跟你說了牛肉怎麼燉才好吃，然後分享了最新要上映的電影，還傳了一支好笑的短影片，你可能當時有事在忙，沒來得及回覆我。

但當你看到訊息時，你會逐一回覆：「我今天下班了就試試你說的方法」、「新電影上了，我們一起去看啊」、「影片裡的小狗也太好笑了，哈哈哈」。我就會覺得你特別值得我投入熱情。

但是，如果我對你說了一大堆，你只回了一個「哦」，或者敷衍地回了一個「哈哈」，又或者乾脆不回覆。那麼我保證，從今往後，我都不會再傳給你了。

人性的自私不允許我一直不要臉。

一旦我察覺到了你的不在乎，我就會自覺地退避三舍，然後將我們倆「互動關係」的評級下調到「按讚之交」的級別，而不是想方設法去溫熱這段關係。

當我無法從你身上感受到我的重要性時，那麼你在我這裡也就不重要了。

所以，我不會在莫名其妙被人刪除之後去追問他「為什麼」，我只會把儲存這個人回憶的資料夾從我的腦海裡扔進資源回收筒裡，再點一次「清空資源回收筒」。

反正我的態度是，不管我們曾經有多親密，誰想離開，隨時都可以，你甚至都不用告訴我為什麼。

5

散夥是人間常態，但有極個別是例外。例外是什麼樣子呢？

(1)見面的時候不用特意戴上面具，吃飯的時候不用考慮坐姿和吃相，聊天的時候不用斟酌用語或者邏輯，傳影片或者語音訊息前不用整理情緒。

(2)知道「我有個建議」的意思是「你可以不聽」。知道「我給你建議」，不等於「我在否定你、操控你」，只是給你一個參考，如果你沒看上，是可以不參考的。而如果「我沒接受你的建議」，並不等於「不識好歹」或者「好心當成驢肝肺」，只是我幾次三番地權衡之後，還是堅持了自己的選擇。

(3)明白「我喜歡和你做朋友」的意思是「你在我這裡不必完美無缺」。因為「我喜歡你」，所以不會要求你必須怎樣，或者逼著你改成什麼樣，而是希望你能繼續真誠地做你自己，因為「我既喜歡你的清澈和光芒，也喜歡你的混濁和晦暗」。

(4)不管我們認識了多少年，即便現在沒有從前那麼親密，但我還是會發自內心地盼著你一切都好，並且我確信你也會這樣祝福我。

(5)我們有各自的祕密，不會要求對方毫無保留，但如果誰哪天想說，對方隨時都肯洗耳恭聽。

(6)明白「我跟你痛斥誰，不是為了聽你講正人君子那套大道理，只是單純想要你和我一起罵」。

(7)明白「分享心情多多少少都帶著一點『希望被你認同』的成分」，因為於對方而言，你和其他人是不一樣的。

長久交往的祕訣就是：激烈地贊同彼此，愉快地各抒己見；得意時互相關照，失望時互相原諒；志同道合時齊頭並進，天各一方時遙祝君安。

關於友情，我的建議是：

不要蠢到用認識的時間長短來衡量感情的深淺。

不要企圖用利益去昇華友誼，往往是因為沒有利益衝突，所以關係才不錯的。

不要以為打了個照面就是朋友，價值才是人際關係的核心。

創業不要找朋友，招聘不要找朋友，兼職不要找朋友，交情並不能成為共事的基礎，能力才是。

如果有一天，你們真的做不成朋友了，那麼再不捨得也要學會告別，而「我還記得你的好」就是大人之間最好的告別。

切記，江湖規矩就是人走茶涼，默契散場，不要問，問就是不懂規矩。

2 要及時止損，才不會被混帳的生活得寸進尺

1

租來的房子剛住滿三個月，房東就提出漲房租。七七回覆道：「嗯，知道了。」

她沒有跟房東抱怨自己的艱難處境，也沒有跟朋友控訴房東的貪婪。

她只是查看了自己的帳戶餘額，然後仔細核算了房租、生活費，以及各項貸款的還款日期，再根據最近半年的開支，調整了花錢和賺錢的計畫，包括推遲換手機、做兼職、申請加班。

剛把一個艱難的任務磨完，老闆又安排了一項遠超出她能力的新任務，類似：「你寫出一個企劃來，是個人看見了，就會想買。」她回覆道：「嗯，知道了。」

她沒有抱怨「為什麼我這麼倒楣」，也沒有指責老闆「這是什麼喪心病狂的要求」。

她只是在想該從哪裡著手做，遇到不懂的地方，她就去找前輩幫忙，搞不懂的事情就多花點時間學習。她把精力都放在解決問題或者靠近目標上，而不是放任糟糕的情緒把自己拖向崩潰的深淵。

點的外送遲到了一個半小時，外送員打電話來告知，她回覆道：「嗯，知道了。」她沒有費心思去找商家或者平臺投訴，也沒有不停地跟自己強調「我要餓死了」，更不會腦補一出陰謀論：「外送員肯定是先送別人了。」她只是接受了外送遲到的事實，然後洗了個蘋果吃。

讓糟糕的事情到此為止，才不至於引發情緒的連環爆炸；和不那麼美好的既定事實一刀兩斷，才不至於把美好的此時此刻也搭進去。

你當然可以像一隻被踩了尾巴的狗一樣抓狂、憤怒、號叫，但到頭來，你還是得接受。

因為失控的情緒不僅不能解決問題，還會擴大問題。

你以為你吼了，對方就認錯了？

你以為你摔了東西，麻煩就消失了？

你以為你當眾大鬧一場，糟心事就過去了？

不會的。

對方只會更無賴地吼回來，麻煩只會升級成大一號的麻煩，而糟心事會從「一件」變成「一堆」。

所以，在問題出現的那一瞬間，一定要控制好自己的情緒，不要歇斯底里，不要偏執，不要不過腦子就發出聲音，而是要學會忍耐，試著冷靜。

忍耐不是要你不管這件事情，而是避免在情緒失控的時候做出錯誤的、讓自己丟臉的、造成嚴重後果的事情來。

冷靜不是讓你壓抑自己的情感，而是讓你分清輕重緩急——先要想著怎麼解決問題，其他的都可以「以後再說」。

如果惡形惡狀地處理一件事，就算贏了也等於輸了。

我的建議是，不要在開始之前就害怕結束，不要在擁有之前就害怕失去，不要因為「可能出現的糟糕情況」而把本應該快樂的日子提前過得糟心。

如果宇宙間的一切力量都在處心積慮要把你的牛奶打翻，那麼你哭也沒用，擔心也沒用。

既然是註定會發生的事情，就不要費力氣去想怎麼制止它。不如認真地想一下，如果牛奶被打翻了，該怎麼收拾。

所謂的及時止損，就是明白已經發生的真的改變不了了，就是接受已經失去的已經失去了，就是相信不合適的是真的不合適。所以，不論局面多麼糟糕，你都會想著爭取一點積極的東西。哪怕是已經損失了一百萬，也要努力避免再損失一百元。

2

最近學會了一句拒絕人的狠話：「要不這樣，以後你就當我死了吧。」

說這話的人叫王坤，他剛排了半小時的隊幫X帶了一杯咖啡，結果X一句感謝的話不說，還抱怨了一句：「怎麼不冰了？」

王坤早就想把X封鎖了，但礙於同事的情面，一直拖到今天。

半年前，得知王坤要去日本玩，工作上沒有任何交集的X特地加了王坤的通訊軟體，要他幫忙帶一支手機回來。王坤一開始是拒絕的，他說「時間太趕了」，可經不住X的糾纏不休，就同意了。

結果是，王坤要從五天的假期中抽出一天特意去某個大賣場幫X買手機，排隊、搭車、問路、刷信用卡……一堆的麻煩事之後，終於買到了。

告訴X手機的價格時，X來了一句：「這也沒比國內便宜多少啊！」王坤都要氣炸了。

而就在今天早上，從來不打招呼的X突然傳訊息給王坤：「你還好吧？」

王坤有點困惑：「我？挺好的啊，怎麼了？」

X：「哦，剛才經過你的座位，沒看到你，以為你怎麼了呢。」

王坤：「早上睡過頭了，馬上就到公司了，哈哈哈哈。」

X：「哦，那你等一下上來的時候順便幫我帶一杯咖啡吧。」

王坤：「？」

X：「就在公司對面，新開了一家咖啡店，聽說很好喝，你也試試。」

王坤把他倆的對話截圖傳給我的時候，另附了一句話：「每次跟他說話，我的腦子裡都有一種很強烈的衝動，就是想去問問上帝，為什麼給了某些人腦子，卻不給說明書？」

我回覆道：「看著他四房兩廳三衛的大臉，你是不是想在自己的頭頂P上一串加粗加黑的點點點？」

他回了一串捂臉的表情，然後告訴我已經封鎖X了。

快意人生的起點是：你拒絕別人的同時，能夠不帶任何內疚！

大人的世界哪有什麼大不大度，別人再三讓你不高興，你就遠離他。

禮貌一點的說辭是：「對不起，借過一下，我沒時間在你這裡不開心！」

周國平曾寫道：「在某一類人身上不值得浪費任何感情，哪怕是憤怒的感情。我把這一點確立為一個原則：節省感情。」

是的，感情和精力要浪費在值得的事情上，溫柔和可愛也要留給值得的人。

那麼你呢？

你在某某的動態裡留言，別人沒有回覆，你就覺得她是不是對自己有意見了，是不是自己最近惹著她了？

你總是反覆咀嚼失敗或者尷尬的瞬間，越想越覺得自己像個沒用的垃圾，然後情緒瞬間頹喪得不可收拾。

碰見一個不太熟的人，你反覆分析他的表情、眼神、打招呼的語氣，越想越不對勁，然後覺得那個人不喜歡自己，或者有意針對自己。

有些事弄不懂，就不去懂；有些人猜不透，就不去猜；有些理想不通，就不去想。你的精力有限、耐心有限，不能被周圍的庸俗、骯髒，消磨掉你的涵養和天賦。何為及時止損？就是發生不愉快之後，不從對方的隻言片語裡解讀出一籮筐的弦外之音。

那些內心貧瘠、沒有分寸、嘴巴把不住門、只想佔便宜、靈魂不能自理的人，只要一出現就能輕易讓你生氣，他們掠奪你的時間，消耗你的精力，而一旦你拒絕了他們，他們甚至還會生氣地說你「內向」，甚至是批評你「自私」。

面對這些無禮的人和他們無理的要求，不要編造模稜兩可的理由，不要說什麼「我在開會」、「我現在沒時間」、「等一會兒我再看看」、「到時候再說」……

你要明確地讓他知道，你不感興趣，你不想瞭解，你不願意跟他廢話，你不想幫這個忙。

所以，不要嘗試鶴立雞群，請儘早離開那群雞；不要相信「出淤泥而不染」，請離淤泥遠遠的。

一個善意的提醒：如果你講了一大堆語句通順的中文，而我只是緩緩地回了你一個「？」，不是我沒明白你的意思，而是我覺得你的腦子有毛病！

3

有個女孩問我：「我總想知道前任過得怎麼樣，我是不是有問題啊？」

我回：「多少是有點。」

她又問：「那前任會想知道我過得怎麼樣嗎？」

我說：「如果你是被分手的，那有很大機率不會。」

她追問：「那他有很大機率會怎樣？」

我說：「他有很大機率會忙著吃好吃的、玩好玩的、陪他後來喜歡的人，過著有滋有味的生活。畢竟，舊感情對他來說毫無意義，更別說像你這樣被丟棄的人。所以，請收起你的好奇心，你的生活中早就沒有『前任』這個東西了，只有現任或下一任。」

過了好一會兒，她傳了截圖給我，是一段發給前任的告別贈言：「對不起，喜歡你這麼久了，差點就把你當成我的人了。我不僅沒有機會抱住你，我還把自己弄得遍體鱗傷。希望你以後不要再遇到像我這樣難纏的人了。」

這段話下面是系統提示：「XXX開啟了好友驗證……」

我只回了一句話：「有些事到此為止，就是最好的收場。」

你為了這段早就被對方宣判死刑的感情，求也求了，哭也哭了，鬧也鬧了，也不吃不喝不睡覺了，還在社群平臺上醜態百出了，所以你此時最該講的不是「難道他都忘了嗎」，而是提醒自己「要點臉吧」。

讓賭徒萬劫不復的，並不是一直在輸的事實，而是「下一局能贏」的殘念；讓你痛不欲生的，也不是「他已經不愛你」的事實，而是「他可能回心轉意」的執念。

你對他的那股強烈的喜歡，混雜著委屈、不滿、憎惡、捨不得和不甘心，像潮水一樣退了又漲。

可問題是，你不能拿「我還愛你」去挽留一個已經不愛你的人，就像你不能拿熬夜去脅迫今天不要結束。

花都已經枯萎了，你澆再多的水都是多餘的。

我的建議是，不要因為一段感情已經投入了很多精力就不計代價地維持下去。不管對方曾經對你有多好，也不管你現在有多喜歡他，如果他現在給你的只剩下傷害了，那麼你就該想辦法結束這段關係。

不要以展現自己的無能或者可憐的方式來換取關心。你有多討厭那樣的自己，別人就可能有多三倍的厭惡和鄙夷。

也不要以暴露自己缺陷和弱點的方式來換取信任。你可以在黑夜裡深刻地檢討自己，但不要在眾目睽睽之下賣慘，那只會讓你像個正在展覽的殘次品。

更不要因為不被愛就惱羞成怒。真的沒必要你推我擠、把一段好時光灑滿了撕來撕去的狗血，才唾罵著離開。

你可以不愛他了，但不能不愛這世間萬物。不信你看外面月光皎潔，真的不適合肝腸寸斷。

人哪，就像一位公車司機。一路上會有很多人上下車，有你喜歡但留不住的，也有你討厭但不肯下車的。

怕就怕，看到喜歡的人到站下車了，你就一直停在原地等，結果既耽誤了其他乘客的行程，也耽誤了你自己的前程。

更可怕的是，你發現討厭的人還在車上，就一直跟他吵，吵到昏天暗地，頭腦發熱，結果要嘛是身心俱疲地煩了一路，要嘛是方寸大亂地開進溝裡。

需要特別說明的是，終結爛桃花需要及時止損，維繫一份長久的感情同樣需要。

你要止的是裂痕的進一步擴大，是好感的不斷流失，是誤會的逐漸加深，是這段關係滑向不可收拾的程度。

所以我的建議是，停止冷戰，收一收脾氣，留點面子，給個臺階，然後，及時溝通，及時認錯，及時和好。

人心不是二十四小時營業的便利商店，不是你什麼時候來都有人笑臉相迎。人心是小本買賣，熱情入不敷出幾天，可能就倒閉了。

4

《思考的藝術》一書中講了一個小故事，說是有個人去巴黎玩，因為飯店沒能幫他安排能看見艾菲爾鐵塔的房間，就大鬧櫃檯，他的原話是：「你們把我的巴黎之行都給毀了。」

殊不知，對整個旅程來說，一間能睡個好覺的房間遠比能看見鐵塔的房間重要得多。

而且，只要你走出飯店，就能把鐵塔看個夠。

如果你緊盯著自己的損失、緊盯著已經發生的錯誤不放，那麼你身上的熱情和身邊的美好都會黯然失色。

身處沼澤之中，待得越久，就越難受；陷得越深，就輸得越多。

那麼你呢？

因為早上不小心踩到水坑了，就一直抱怨自己倒楣，結果影響了一整天的工作狀態。

因為昨天晚上跟某某吵了一架，白天工作時就一直在想著怎麼反擊，結果根本不知道老闆在會議上強調了什麼。

因為不記得有沒有鎖門，和朋友在遊樂場玩的時候也一直惦記著這件事，結果無心享受同遊的快樂時光。

因為和一個不可靠的人談戀愛，一次一次地被欺騙，然後一次一次地選擇原諒，結果耽誤了大把的青春。

因為和別人在網上互罵，唇槍舌劍了一下午，結果正事一點都沒做，心臟還被氣得發疼。

類似的還有，去一家餐廳吃飯，發現要排很久的隊，但你想「來都來了」，結果硬生生地等了兩個多小時。

買了電影票，發現根本就看不下去了，但想著「來都來了，錢都花了」，結果是在電影院睡了一小時。

假期景點人頭攢動，眼看著手裡的門票，心裡想著「來都來了」，結果是除了被擠得懷疑人生，什麼都沒看到。

大人的情緒往往是自己與自己博弈的結果，想通了就是一路繁花相送，想不通就是繼續畫地為牢。

生活就像在玩超級瑪利歐兄弟遊戲，你沒辦法後退，你身後有一堵無形的牆，它會逼著你往前走，就算剛剛少吃了幾塊金幣，就算少撞了一個加分項，你都得繼續往前衝。

畢竟，撲面而來的問題多著呢！

一旦你意識到自己的精力有限，意識到自己的時間寶貴，你就不會再為面子消耗時間，不會揪心於某人拐彎抹角的言語，不會在「有怨不敢言」的漩渦裡自我拉扯，不會費心思去分析他人對自己的看法，更不會浪費時間在網路上跟陌生人吵個沒完……

怕就怕，你知道電影很爛，知道外送難吃，知道交情沒那麼深，知道某個決策是對的，知道你們的婚姻早就名存實亡了，知道這些東西根本就不會再用第二次，卻因為「錢都付了」、「都這麼多年了」、「孩子怎麼辦」、「來都來了」、「萬一以後要用呢」，所以你選擇繼續撐著、熬著、堆著。

結果是，你一直困在不快樂、不甘心、不確定、不灑脫，同時又不上進、不認真、不努力、不舒服的彆扭狀態中。

一個當代年輕人的四大美德是：

沒那麼喜歡的時候，不說「我們試試看」，也不接受誰的「試試看」。

沒那麼確定的情況下，不承諾「下次」，也不輕信誰的「下次」。

沒那麼瞭解情況的時候，不點評「他怎麼是這種人」，也不在意別人的「你怎麼這樣」。

沒那麼熟的關係，不提「你可不可以」，也不輕易答應誰的「可不可以」。

簡單來說就是：潔身自好，諾不輕許，少管閒事，以及離我遠點。

哦，對了，就我個人而言，一言不合就封鎖的原因，除了不想繼續糾纏之外，還有我怕真的吵起來了，我吵不贏你。

3 未知全貌，不予置評

1

微博上有個很扎心的段子：「我們生活在不同的世界，你住在豪華的大船上，船上衣食無憂，燈火輝煌，高朋滿座，你怎麼玩都不為過。而我只是抓著一塊浮木，沒日沒夜地在海面上漂，海浪一波一波打來，我怎麼躲也躲不掉，隨時都有被淹死的危險，還要擔驚受怕想著有沒有鯊魚經過。你卻問我：『為什麼不抽空看看海上美麗的風景？』」

很多事情，你眼裡是輕而易舉的，可能是別人費盡心思也無法企及的奢望。

很多時候，你只是腳底有泥，而別人是半個身子都在泥坑裡。

所以，當你看見一個人活得很頹喪，不要指責他的懦弱，不要輕描淡寫地要求他快樂起來，也不要責問他為什麼就不能灑脫一些。

順風順水的人想像不出深夜在路邊痛哭的小夥子正遭受著無法掙脫的折磨，而終日鬱鬱寡歡的人也很難理解那些眉飛色舞的人竟真的不是強顏歡笑。

「活著多好啊，你怎麼能憂鬱呢？」說這種話等同於對氣喘病人說：「你怎麼會呼吸困難呢？周圍的空氣很充足啊！」

「只是一粒很小的沙子，沒關係的。」說這種話的人不知道的是，這粒沙子此時正在別人的眼睛裡。

鼓勵別人開心是一種善意，要求別人開心是一種傲慢，而指責別人不夠開心則是一種暴力。

成熟的標誌不是霸佔道德的高地，不是講幾句沒用的便宜話，而是理解別人的不如意，體諒周遭的不得已。

那麼你呢？

你喜歡吃榴槤，就認為別人也應該喜歡吃，不能理解那些因為嫌棄榴槤臭而不敢吃的人。

你認為人的一生就應該結婚生子，對於那些不婚或者不生的人，就認為他們「是不是心理有問題」。

你買東西喜歡貨比三家，追求高CP值，看到那些和你收入差不多的人，大手大腳花錢，就會覺得他們「也太敗家了吧」。

實際上，每一個在你看來不可理喻的行為背後，都潛藏著一個不被你理解的需求。

就像是吃泡麵，有的人就是喜歡口感偏硬的麵，有的人則僅僅是因為沒有耐心等麵條泡軟；有的人就是喜歡口感偏軟的麵，有的人則僅僅是因為忙忘記了；有的人就是喜歡乾嚼，有的人則僅僅是因為懶得去泡；有的人選擇泡麵是因為沒錢，有的人則是因為愛吃。

所以，不要在難過的人面前指點江山，不要在幸福的人面前潑冷水，不要對別人明確表示喜歡或者明顯感興趣的東西發表負面評價，不要居高臨下地提醒別人為什麼不選擇更精緻的活法。

他可能只是想難過一會兒，一會兒之後還是那個陽光明媚的他，但是你要允許他難過一會兒。

每個人都是自己的馴獸師，但不能以獸的馴服程度來評判一個人的成熟程度。因為生活給有的人分了一頭獅子，給有的人分了一隻羊。

2

有人走進一家漁具商店，看見一個閃閃發光的塑膠魚餌，他很好奇地問老闆：「魚類真的喜歡這種東西嗎？」

店家笑呵呵地說：「這玩意兒又不是賣給魚的。」

當你覺得一件事情不合理，覺得一個設計巨醜無比，認為某個遊戲沒勁透了，很有可能是因為這些東西不是為你準備的，不一定是別人有多傻。

一旦你動用了偏見去看待一件事，你就失去了認清事情真相的機會；一旦你打算批判一個人，你就看不到更好的方法去跟他溝通。

別人買了一件很貴的羊毛衣，你可以不喜歡，但沒必要湊過去說「你肯定是被騙了，真羊毛不會這麼軟」。

對方在意的也許並不是羊毛的含量，而是它的款式、顏色、手感，以及穿著的舒服程度和愉快心情。

別人買了一臺車，你可以不按讚，但沒必要告訴他「每天叫車，一年也才十萬塊錢，比你買車划算多了」。

你根本就不知道，他上下班的距離有多遠，他所在的位置可能經常叫不到車，他可能需要接送孩子，他可能喜歡週末去釣魚……他買車是用來解決問題的，而很多問題不能僅僅考慮是否經濟。

別人買了一間房，你可以不祝福，但也沒必要潑冷水，什麼「房地產市場馬上就要崩了，房價肯定會大跌」。

你根本就不知道，房子對他來說，是娶到那個女孩的前提條件，是他在這座城市裡找到歸屬感的物質保證。

別人完成一個宏大的目標，站在領獎臺上淚流滿面，你可以不鼓掌，但沒必要說什麼「就知道演戲給人看」。

你根本就不知道，他獨自熬過了多少個漫漫長夜，獨自經歷了多少不敢哭出聲的落魄日子，以及熬過了多少個眼淚在眼眶裡打轉的糟糕瞬間。

每個故事其實都有三個版本，你的版本、他的版本，以及事實本身。

那麼你呢？

看見有人捐款給貧困山區，你就到處說：「假的吧，還有人收入不到五千？」

看見有人報導廉價衛生棉的新聞，你就到處說：「騙人的吧，還有人用不起衛生棉？」

看見有人提議捐贈白米給偏遠山區，你就到處說：「不會吧，還有人吃不起米飯？」

你搞不懂解析幾何，但不代表它沒意義；你沒上過珠峰，不代表它是虛構的。

有些事你無法理解，不代表這件事是錯的。有些東西你沒見過，不代表它不存在。

沒見過人間疾苦，不是你的錯，只是你比較幸運而已。

但是，以你有限的見識去否定人間的疾苦，然後用質疑的聲音試圖淹沒援助或者求救的聲音，你就是在造孽。

「理解不了」不是你詆毀一個人的理由，「沒有見過」也不是你否定一件事的資格。

人格不獨立的人在群體之中義憤填膺，就像池塘裡沒有緣由的蛙鳴，就像村子裡沒搞清楚狀況的狗吠。

以至於有人問：「為什麼要獨立思考？」他的答案很可能是：「因為大家都說要獨立思考。」

很多時候，你看別人像個傻子，可能僅僅是因為：別人是面鏡子。

3

一次採訪中，主持人問柯林頓：「你的女兒有了男朋友，已到了談婚論嫁的時候了。作為父親，你給她關於男人的最好建議是什麼？」

柯林頓毫不猶豫地說：「我只對具體的男人提供建議給她，從不對男人進行整體的評價。」

可偏偏有那麼多人，總喜歡站在自己的角度以偏概全。

這些人習慣了用自己的眼界、認知、生活水準去評斷一切，自以為是地把外部世界全都用自己的三觀去套一套。套得進去就是三觀正，套不進去就是三觀不正。

結果是，刻薄的人會因為自己的某次寬容而自鳴得意，笨蛋會因為自己的某個決定而自作聰明，富人會發自心底地覺得自己好窮，酸民會認為自己就代表正義。

但實際上，大家都是井底之蛙，區別僅僅在於井口的大小不同而已。

一位被老公拋棄的中年女人拚了命地減肥，大家都說她是接受不了被拋棄的現實，可實際上，她只是想救肝癌晚期的女兒。

因為醫生說了，只有減掉三十公斤，她的肝臟才有可能滿足移植的條件。

有記者去一個貧困山區採訪，看見一個瘦弱的孩子正在吃泡麵。記者就對孩子的媽媽說：「孩子總吃泡麵不好吧？」

那個媽媽愣了一下，回答道：「也沒有總吃，他過生日才給他吃一次。」

一個花季少女把所有的頭像都換成了偶像，大家都嘲笑她無腦、花癡，但實際上，她追星只是為了借偶像的光來治療自己的憂鬱症。

她並不期待偶像的回應，而是借由這份單純的喜歡，去重拾信心，去跟糟糕的生活廝殺下去。

一個真人秀節目裡，女孩在出生之後就被父母送人了。節目組將女孩的親生父母請到了現場，並要女孩和拋棄了自己二十多年的親生父母相認，女孩拒絕了。

主持人隨即發起了猛烈的道德攻勢：「難道叫一聲爸爸媽媽，對你來說就這麼難嗎？」

女孩的回答是：「二十多年了，在我最需要父母的時候，他們從來沒有出現過。」

一列火車上，一個中年女人正在餵飯給一個小孩子吃，孩子戴著太陽眼鏡，看起來只有五、六歲。

周圍的人議論紛紛：「都這麼大了還餵飯，孩子都被慣壞了。」等火車到站的時候，大家這才發現，小孩子的眼睛是看不見的。

一篇報導中，一名二十多歲的男子常年宅在家裡，社區志願者為其清理房間，打掃出二十多袋垃圾，並且全程都沒有露過面。有人說他有毛病，有人說他是個廢人。後來的一篇報導讓所有人震驚。在十多年前，這名男子還是一個品學兼優的孩子，他的爸爸當著他的面奪取了他媽媽的生命，並且點火自焚，造成小孩全身大面積燒傷，他從此再也不敢見人。

類似的還有：

一個笑容猥瑣、滿臉橫肉的小吃店老闆，常常私下給來吃麵的拾荒老人免費。

一個能說會道、入職僅半年就被老闆委以重任的漂亮女職員，其實每天都加班到凌晨兩點。

一個在社群平臺上發「世界上根本就沒有人愛我」的女生，她可能剛剛拒絕了二十五個男生的示愛。

一個整天說「我怎麼還沒有遇見良人」的男生，他可能才和良人共進完晚餐。

所以不要貿然評價一個人。

在沒真切地經歷過別人的傷痛之前，請不要隨意對一個人進行道德審判。

在沒有完全瞭解一件事情的始末之前，請不要隨便勸人大度。在沒有搞清楚狀況之前，請不要隨便給出結論。

不是基於瞭解真相和換位思考給出的評論，都可以歸類為「鄉下老太太在閒聊時發現的宇宙真理」。

所謂「小聰明」，就是隨便得到了一個解釋，就覺得自己把整件事情的來龍去脈、所有人物的愛恨糾葛都弄明白了。

但實際上，你只是知道他的名字，卻不知道他的故事。你只是看到他在做什麼，卻不知道他正經歷著什麼。

別忘了，你對別人的百般註解和識讀，並不構成萬分之一的他，卻是一覽無遺的你！

所以我的建議是：做人留餘地，誰都不容易，少說刻薄話，多吃巧克力。

4

哦，對了，有一個親測有效的建議：假如你突然被冒犯到了，在不確定真正的原因之前，你可以先假設對方並無惡意。

比如，你在街上閒逛的時候，被一個行色匆匆的路人撞了一下，與其怒不可遏地對他喊：「你趕著去投胎啊！」不如平靜地想一下：「這個人大概是有什麼很著急的事情，他可能正在全身心地想著那件事，所以根本就沒意識到自己撞到人了，還好我沒事。」

這樣的心態會從內而外地將你變成一個同理能力更強、心態更平和、更有教養的人。

4 謀生時別丟棄良知，謀愛時別放棄尊嚴

1

我發了一則動態：「沒有原則的好人＝爛好人，如果將等式兩邊的『好』字同時消除，剩下的就是『沒有原則的人＝爛人』。」

沒過一會兒，老余來了一段精彩的自嘲：「我就是典型的爛人。」

他說：「不知道從什麼時候開始，我對『好人』這種人設上癮了。我會習慣性地對別人好，沒脾氣地應允任何要求，哪怕我知道對方的要求是無理的。對方甚至不需要為我做什麼，只是單純地傳達出『老余是個好人』的訊號，我就會非常享受，然後為他赴湯蹈火。」

我回：「千金難買你樂意！」

結果他說：「一開始是挺樂意的，因為真的很希望在別人心裡留下好印象，但是現在有點煩。因為有的人是什麼要求都好意思提，而我真的是不好意思拒絕。不是說『好人有好報』的嗎？好報在哪裡呢？」

我回答道：「好人是有好報，但爛好人沒有。」

如果連你自己都覺得應該卑躬屈膝，那麼別人當然不會覺得你值得尊重。

如果連你自己都不清楚自己的籬笆在哪兒，那你就別怪他人侵犯你的莊園。

爛好人往往是這樣：

總是把別人的需求放在自己之前，即使是吃了大虧。

總是把留下好印象作為唯一的行為準則，即使是受了委屈；總是不好意思表達真實的感受，即使是非常不滿。

總是過度誇大拒絕別人的後果，即使是非常不願意……

基於這樣扭曲的心理，所以爛好人的內心世界常常是這樣：

「他好像不高興了，應該和我有關係吧。」

「他看起來很難過，應該和我有關係吧。」

「他今天挺開心的，應該和我沒什麼關係。」

「他今天對我挺熱情，應該和我沒什麼關係。」

於是，明明已經忙得焦頭爛額，別人一喊，你就馬上去為他義務勞動，哪怕知道這樣做會搭進去大把的時間，甚至是自己的機會，你也在所不辭。

明明知道自己能力也就這樣，你偏要主動攬事，結果把自己累得夠嗆，還撈不著一點感激。

明明是自己非常喜歡的東西，卻假裝大度地贈予他人，然後別人笑顏逐開，而你只能黯然神傷。

明明就是一貧如洗，你還對獅子大開口的借錢者有求必應，最後你活得捉襟見肘，人家卻在花天酒地。

到最後，任何人都可以侵門踏戶，對你予取予奪。

如果你在別人面前從來都沒有要求，那麼你的辛苦在對方看來就等同於應該；如果你在別人面前從來都不敢拒絕，那麼你的痛苦在我看來就是活該。

這個世界不會因為你是個三百六十度無死角的老好人就對你格外仁慈，所謂的熟人也不會因為你每次都熱情滿滿就對你另眼相待。

切記，人身上散發著的兔子氣味，老狐狸永遠嗅得出來。

2

芸姑娘和男朋友是透過相親認識的，剛認識兩個月，芸姑娘就把她費了九牛二虎之力才得到的金融理財師的工作給辭掉了，換到了男朋友公司旁邊的咖啡店裡當服務生。

有閨密替芸姑娘不值：「金融理財師可是你的夢想！」

而她卻回答說：「男朋友說他養我，以後結婚了，讓我做全職太太。」

後來，「全職太太」更像是「全職媽媽」——小到幫忙訂一杯熱咖啡，大到做一堆好吃的送上樓，這些都是芸姑娘的事。

但是，當芸姑娘在外面受了委屈打了無數電話給他的時候，男朋友不是在忙工作，就是在忙遊戲。

如果芸姑娘生氣了，男朋友只會表現得比她還要生氣，最後還需要她去把男朋友哄好。

如果是男朋友犯了錯，男朋友居然會先提分手，最後都是芸姑娘主動去道歉和挽留。

愛情就像沙漏，心滿了，腦子就空了。

直到前幾天，男朋友突然就把她封鎖了，她甚至連原因都不知道。打了無數的電話也無人接聽，最後好不容易從男朋友的朋友那裡討來了一個新號碼。

然後，她沒完沒了地傳簡訊給男朋友：

「談戀愛總會有不滿意的地方，有問題就解決問題，為什麼一定要分手呢？」

「能不能當面跟我說，說一下為什麼，不管是什麼問題，我可以改。」

「如果你一定要和我分手，能不能把通訊軟體加回來，我保證不打擾你，如果你覺得被打攪了，你再把我刪了，好不好？」

「只要你別封鎖我，你想怎麼樣都行。」

大概是始終都沒能得到回覆，芸姑娘就跟我訴苦。她的眼神暗淡無光，就像一朵花在綻放的時候才意識到：自己開錯了季節。

她說：「其實我知道，我沒辦法給他想要的，比如人脈，比如背景，比如見識，比如體面，但我真的好愛他，我該怎麼辦啊？」

我不留情面地回覆道：「你確實沒辦法給他想要的，但如果你能給他一個沒有你的世界，於他而言，也挺不錯的。」

愛一定要有原則，不然你像他媽媽一樣，那就別怪他再幫你找個媳婦回來。

原則報廢的愛情，就像一片被砍伐過的森林。

對方說：「別這樣，我不值得你這麼做。」你脫口而出：「你超值得啊！」

對方說：「我不愛你了。」你脫口而出：「再給我一次機會吧。」

對方說：「算了吧，你值得更好的。」你脫口而出：「不要啊，求你了。」

你把你的依戀、信任、愛慕一股腦地傾注到對方身上，可對方已經無所謂了，甚至是厭倦了，那麼你的「傾倒行為」只會讓對方覺得疲憊。甚至在對方看來，這就是你單方面的、不負責任的、情感上的「隨地大小便」。

你賣力地找他說話的樣子，就像商店裡的銷售，對方不會因為你的熱情而愛上你，他只會覺得你煩。

所以我的建議是：有了戀人，就不要問「你到底愛不愛我」這種問題，你見過哪個水果店的老闆說自己的水果不甜的？

即便單身，也不要糾結於「為什麼我滿好的，但沒有人來愛我」這種臭屁的問題，這很像一個笨蛋在仰天長嘆：「到底要買多貴的手機，才能收到喜歡的人傳的訊息？」

感情當中的原則問題是：

要對自己的生命負責，不自殺、不自殘、不找虐，即使再難熬。

要對自己的聲譽負責，不做第三者、不做背叛者、不跟有戀人的異性走得太近，即使再有誘惑。

除非救急，否則不要輕易發生任何金錢方面的交易，即使是熱戀期。

除非自願，否則不要為任何人放棄你的事業、愛好或者朋友，即使再愛。

除非對方同意，否則不要黏著對方，你不能因為自己閒得發慌，也要求對方跟你一樣閒。

從今以後希望你：遇弱不欺，遇強不懼，遇佛燒香，遇賊掏槍。

3

史書中記載了一個「許衡不食梨」的故事。

盛夏時節，許衡途經河南，一行人又熱又渴，恰巧看見路邊有一棵梨樹，於是大家都去摘梨子吃，唯獨許衡一動不動。

有人問他：「你為什麼不吃呢？這棵樹又沒有主人。」

結果許衡說：「雖然梨樹沒有主人，但我的心有主人。」

類似的還有，在賽場上，某個選手會主動跟裁判示意「我犯規了」，儘管裁判或者對手並未察覺。

在職場上，當別人都覺得「反正沒有人看見」的時候，有人卻知道，「自己的良心不會視而不見」。

在某個緊要關頭，當其他人都抱著「反正又不會有什麼後果」的僥倖心理，有人則很篤定「不對就是不對」。

所以，有些捷徑他不會去走，有些好處他不會去撈，有些人情他不會賤賣，而是腳踏實地地堅持原則，即便費力不討好，即便路遙馬急。

所以，他不為什麼人折腰，而是拚命地積本事；不為什麼感情丟掉尊嚴，而是努力變優秀；不為什麼位置耍滑頭，而是腳踏實地做貢獻。

一個人值不值錢，就看他的原則值不值錢。

你做了什麼事，你就會成為什麼樣的人；你做了多少事，你就有多少價值。如果行為沒有底線，那麼你的人格就很貧賤。

換句話說，你為了什麼價碼的人和事消磨時間、修改原則，你就配什麼價碼的麻煩。

何為原則？

紀。

如果是普通人，你在無人監督時也不偷雞摸狗，不欺上瞞下，不欺軟怕硬，不違法亂

如果是明星大佬，你在鏡頭之外也不蠅營狗苟，不驕奢放縱，不兩面三刀。

如果是企業，它在客戶看不到的地方也不偷工減料，不粗製濫造，不敷衍了事。

人一旦得到了不該得到的，就會失去不該失去的；一旦違背了自己定下的原則，哪怕只有一次，以後就將違背更多的原則；一旦自己在重大的原則問題選擇了妥協，那麼某場悲劇已經悄無聲息地拉開了序幕。

就像柴契爾夫人說的那樣：「注意你所想的，因為它們會變成嘴裡的話；注意你所說的，因為它們會變成實際的行動；注意你的行為，因為它們會形成習慣；注意你的習慣，因為它們會形成你的人格；注意你的人格，因為它們會影響你的命運。我們想的是什麼，就會成為什麼樣的人。」

反之，如果你守住了，就算生活還是會有遺憾，但你不會後悔；就算會有誤解，但你不會慌張；就算還是需要低頭，但你心裡有底。

就算還是做出了讓步，但你知道底線一直在那裡。

就像是玩遊戲，即使經常被虐，也從不作弊！

切記，別人再怎麼「不是個東西」，也不該成為你「不是個東西」的理由。

4

有些原則失守是因為「小事情沒關係」。

如王爾德所說：「我犯了一個巨大的心理錯誤，一直以為在小事上讓步無關緊要，待到重大時刻到來時，我會重新行使卓越的意志力。然而現實並非如此，到了重大時刻，我卻徹底喪失了意志力。」

有些原則失守是因為「害怕拒絕」。

如太宰治所說：「我的不幸，恰恰在於我缺乏拒絕的能力。我害怕一旦拒絕別人，便會在彼此心裡留下永遠無法癒合的裂痕。」

有些原則失守是因為「不知道原則是什麼」。

如某個玩笑所說：「餅乾是可以吃的，但掉地上的餅乾不能吃，撿起來後吹吹也還能吃，但掉在醫院的地上吹吹也不能吃，如果實在沒有食物了也可以吃。」

還有一些原則失守是因為「喜歡折中」。

如魯迅所描述的：「譬如你說，這屋子太暗，須在這裡開一個窗，大家一定不允許。但如果你主張拆掉屋頂，他們就會來調和，願意開窗了！」

講原則不是不近人情，更不是與世界為敵，而是懂了很多規矩，見識了很多特例，擁有了一定的實力，並有對後果負責的擔當。

然後，你對人情世故沒那麼緊張了，對親疏遠近也沒那麼刻意了，開始根據自身的喜好和良知，不圓滑地跟這個世界打交道。

關於原則的幾個建議：

(1) 學會拒絕別人，同時也要學會尊重別人的拒絕。

(2) 降低期望，學會接受，試著理解。

(3) 拋棄無意義的社交，退出不合適的圈子。

(4) 有趣的事物要記得分享給知趣的人。

(5) 努力變優秀。

你要有足夠的決心，你的原則才能發揮作用。但更重要的是，你要有足夠的實力，你的原則才能守下去。

一個有原則的人大概是這樣：

自己的事盡量自己做，不輕易給別人添麻煩；別人的事量力而行，不輕易許能力之外的承諾。

在不犧牲自己權利的前提下，盡量照顧別人的感受；在不傷害別人的前提下，盡量維護自己的權利。

喜歡就和顏悅色，無感就寧缺勿濫；愛就毫無二心，不愛就一刀兩斷；會做的就盡善盡美，不會做的就虛懷若谷。
最好的姿態是，與世俗和解，但仍能保持自我；與現實妥協，但不忘尋求突破。

5 我見諸君多有病，料諸君見我應如是

1

在動畫《湯姆貓與傑利鼠》中，傑利鼠和湯姆貓整天纏鬥，當傑利鼠把湯姆貓的尾巴插進插座裡，把牠電得渾身冒煙的時候，觀眾看得哈哈大笑。

但試想一下，如果湯姆貓有個媽媽，她看到了，恐怕是笑不出來的。

實際上，我們有時候是看湯姆貓出醜的觀眾，有時候是湯姆貓的媽媽，還有的時候是湯姆貓本人。

人性的自私就是：聽故事的人，都巴不得險象環生，而故事裡的人，只希望歲歲平安。

就好比說，提到雞湯的時候，大家都說那是補品，可雞聽著卻是恐怖故事。

就好比說，猛虎細嗅薔薇，世人都說那是情懷，可你問過薔薇願意嗎？

2

有個女孩私訊我，講了一個她室友的故事。

她室友是個非常內向的漂亮女生，很少跟陌生人說話，有次去學校食堂吃飯，被一個學長「盯上」了。然後學長天天送花、送禮物，但都被室友拒收了，並且非常明確地告知對方：「我不喜歡你。」

一天晚上，學長突然帶了一群朋友聚在她們寢室樓下，又是點蠟燭，又是唱，又是跳，一群人還起鬨：「在一起，在一起！」

她室友拎著一桶水下樓，直接潑滅了蠟燭。

學長不死心，翻到旁邊的一個三公尺多高的露臺上，當眾威脅：「你要是不答應做我的女朋友，我就從這裡跳下去。」

她室友翻了一個白眼，轉身就走了。結果學長真的跳了下來，倒也沒有生命危險，只是骨折了。

然後，現場的人開始說她室友「太冷血了」。

她問我：「你聽完是什麼感覺？」

我回答道：「就像是，一隻眼淚汪汪的、餓著肚子的大野狼狩獵失敗，然後森林裡的小動物開始可憐這隻大野狼，轉而指責那個避險逃跑的小紅帽：『你和外婆又不是真的被吃了，為什麼要對大野狼那麼殘忍？』」

人性的醜陋之處就在於：每個人都願意做那種「一毛錢都不用花」的好人。在慫恿別人大方、指責別人不寬容之前，希望你明白：所有的大方和寬容都是以折磨當事人為代價的。

置身事外，你當然可以心平氣和。受折磨的不是你，你當然可以說得那麼輕描淡寫。

什麼是雙標？

就是如果你成功了，你就認為「這是我應得的」；如果你失敗了，你就怪這怪那。

但如果是別人成功了，你就認為「他肯定是靠關係、靠運氣」；如果別人失敗了，你就認定「他活該」。

就是當你做出成績的時候，老闆看你是鎮山的虎，是會飛的鷹，是善戰的狼。

但當你沒成績的時候，老闆看你就是盛飯的桶，是害群的馬，是攪屎的棍。

就是如果普通朋友找你聊天，你就會搪塞地說：「哦，嗯，洗澡去了，準備睡了。」

但如果是喜歡的人找你聊天，你就會容光煥發地說：「我沒事，我很閒，我不睏。」

就是做了好事，你巴不得讓全世界都知道，而做了壞事卻想著「神不知鬼不覺的」。

就是當你愁眉苦臉的時候，你希望大家都能懂你；但當你裝腔作勢的時候，又不想被任何人看穿。

就是別人誇你的時候，你覺得那是客套話；但如果別人罵你，你卻認為那是真心話。

就是電視上的女明星一口麵包嚼了三十三下，大家都說她「好優雅、好可愛」。但你要是也嚼這麼多下，你媽媽就會火力全開：「不想吃就給我滾出去！」

就是他晚上看手機，笑聲驚人，完全不顧同寢室的其他人，而他白天補眠的時候，誰要是弄出一點點動靜，他就會罵娘。

就是他有異性閨密就屬於「純潔友誼」，而你有異性閨密就「肯定有鬼」。

就是他遲到了是因為塞車，而你遲到了就是「沒有時間觀念」。

就是他追星屬於「為了夢想」，而你追星就是「腦子有病」。

就是他談了很多戀愛是因為「我有魅力」，而你談了很多戀愛就是「水性楊花」。

就是在他看來，只有他的爸媽不容易，而你爸媽特別容易，就好像你是喝西北風長大的，就好像你讀了二十多年的書都是不用錢的，就好像你的爸媽為你準備結婚的錢都是大風刮來的。

就是別人感冒了，某人覺得自己應該請假、回家吃藥，然後睡一覺就好了。但如果感冒的是你，他就覺得你應該使勁幹活，出點汗就好了。

辛棄疾曾寫道：「我見青山多嫵媚，料青山見我應如是。」我建議大家稍稍改一下：「我見諸君多有病，料諸君見我應如是。」

3

有人往社區群組裡傳了一支影片，群裡瞬間就炸開鍋了。

影片的主角是K先生，他在路邊扶起了一位跌倒的老人，老人的眼角劃破了一個小傷口，還在淌血。

K先生幫老人聯繫了救護車、家人和社區，直到老人被救護車抬走才悄悄地離開。

群裡有人問K先生：「你就不怕被訛嗎？」

K先生的回答特別感人：「我當然怕。但是我的父母也七十多歲了，他們在老家生活，他們的腿腳也不靈活，說不定哪天也會摔倒在路邊。那時候，我希望有人可以像我一樣把他們扶起來。如果別人的父母跌倒了我不管，自己的父母跌倒了又希望有人扶，這怎麼可能呢？」

怕麻煩是人之常情，但如果你知道自己有年邁的父母或者年幼的孩子，你就不應該允許自己做個精明且冷漠的看官。

如果人人都是一副「事不關己，高高掛起」的冷漠態度，如果人人都懷著「不是你撞的，那你為什麼要扶」的扭曲心理，那麼當你的父母、你的孩子，甚至包括你自己遇到危險時，你就應該做好無人援手的準備。

你對世人揣著私心，又憑什麼苛求他人大度？

所以，不要到處評說他人的是非對錯，多掂一掂自己有幾兩仁義道德。

你不能一邊強調自己的感受，一邊又依賴他人的看法。

你不能一邊要求公平正義，一邊又強調「多分點好處給我」。

你不能一邊限制另一半和異性的來往，一邊自己又毫不避嫌。

你不能一邊要求孩子不挑食，一邊自己又這個不吃、那個不吃。

你不能一邊希望家人溫聲細語，一邊自己又說話粗俗。

你不能一邊指責公司的低效、無聊和萎靡不振，一邊又享受它的安穩、沒壓力和沒競爭。

你不能一邊勸別人慢慢來，慢慢吃苦，慢慢成熟，一邊又恨不得馬上變成成功人士，想著年輕時那些該吃的苦「誰愛吃就誰吃」。

你不能一邊抨擊人性的貪婪，一邊又懷揣著貪婪的欲念和走捷徑的小心思。

你不能一邊討厭別人侵犯你的邊界，一邊又肆無忌憚去侵犯別人的邊界。

你不能一邊覺得自己的任性是理所當然的，一邊又認定別人的任性是不可原諒的。

我的建議是：不懂時，別亂說；很懂時，也別多說；心亂時，慢慢說；沒話時，那就不說。

4

有個女生對我說：「不知道為什麼，每次有長得醜的男生看我，我就覺得他好猥瑣，特別反胃；但如果是個大帥哥看我，我就會感覺很好，甚至會覺得他品德高尚。」

有個男生也說過相似的話：「我總喜歡搶著幫忙漂亮的女生，不自覺會問她需要什麼；但如果是不太好看的女生找我幫忙，我可能也會幫，但心裡想的可能是：『你自己不會做嗎？』」

類似的還有，如果你長得好看，在公車、捷運上睡著了，頭靠在旁人的肩上，旁人會一直托著，直到你醒來。

但如果你不太好看，頭一旦靠在旁人的肩上，對方可能就會把你推醒，然後提醒你：「請保管好個人財物。」

古時候，男子上門提親，如果女方滿意，就會一臉嬌羞地對父母說：「終身大事，全憑父母做主。」

如果不滿意，就會說：「女兒還想孝敬父母兩年。」

英雄救了單身的女子，如果女子動了心，就會一臉嬌羞地說：「英雄救命之恩，小女子無以為報，唯有以身相許。」

而如果沒相中，就會說：「英雄救命之恩，小女子無以為報，唯有來世做牛做馬，報此大恩。」

還有在感情中眼高手低的人，明明自己什麼都沒有，卻又什麼都想要。

很多女生的雙標是：別人風趣，你嫌他周圍有太多異性；別人老實忠厚，你嫌他不解風情；別人有錢，你嫌老；年輕的，你嫌窮；又年輕又有錢的，你又嫌人家脾氣不好。

很多男生的雙標是：艱苦樸素的，你嫌她帶不出去；華麗閃亮的，你又嫌她化妝打扮費時費錢；精打細算的，你嫌活得太現實；活得精緻的，你又養不起。

總之就是，天上的月亮你得不到，地上的六便士你又嫌少。

真是替這樣的人擔心，怕你把自己當作年份很好的紅酒，一心等著懂的人來品，但實際上你只是板藍根，來找你的人都有病！

我的建議是，少一些裝模作樣，多一些自我反思。

你怪某某不肯和你談戀愛，那你就問問自己：如果你是異性，你願意和這副德行的自己交往嗎？

你怪老闆輕視你，那你就問問自己：如果你是老闆，你會重用自己這種水準的員工嗎？

你怪別人對你有隱瞞，那你就問問自己：如果你是你的朋友，你會把祕密告訴你這樣口無遮攔的人嗎？

你抱怨另一半「賺得少、很無聊、不浪漫、窩囊廢」的時候，你最好也想一下：「為什麼我不一開始就去找一個特別能賺錢、特別有能耐、特別懂浪漫的另一半呢？是不是因為那樣的人根本就看不上我？」

你指責別人「為什麼不能做得更好一點」的時候，要捫心自問一下：「如果我在他的位置上，面臨他那樣的選擇，我能不能表現得比他好一點？」

如此一來，你就不會再義正詞嚴地說：「這有什麼難的？」而是知道換位思考：「也許是因為我還沒有遇到這個問題。」

你就不會理直氣壯地說：「這有什麼好生氣的？」而是會設身處地去體諒：「原來他是因為這個生氣的。」

凡事換個角度，你就會發現：自己未必大度，未必慈悲，未必努力，未必正義，未必美好。

舉個例子來說，「為什麼沒有人喜歡真實的我」這句話的真實意思是：「我不想改掉我的臭毛病！」

所以，你對別人的要求鬆一點，就不至於總失望；你對自己要求嚴一點，就不會總沮喪。

5

小說《八二年生的金智英》裡有這樣一個片段：

金智英去看醫生，醫生提示她「多休息，少用手腕」。

金智英說「沒辦法不用手腕」，因為要照顧孩子，要做家事。

結果醫生笑了：「以前我們是用木棍敲打衣服，燒柴煮衣服消毒，蹲在地上掃地。現在有洗衣機洗衣服，有吸塵器拖地，你們女人到底有什麼好辛苦的？」

金智英在心裡反駁了一通：「髒衣服不會自己走進洗衣機裡，不會自己倒洗衣精，洗完之後不會自己跑到晾衣架上晾起來；吸塵器不會自己帶著吸頭到處吸……」

越長大你就越會發現，人與人在認知上的差距，有時比人和動物的差距還要大。所以，不要對人性失望，理解本就非常罕見，誤會才是人間常態。

不要因為某個人的一項美德而高估他其他的美德，也不要因為某個人的一次缺德而誤以為他每件事情都做得很缺德。

不要輕易地發表不經大腦的觀點，不要輕易給出未經深思的建議，不要輕易成為某種偏激言論的傳播者，因為你很容易被別有用心的人利用，也很容易將不明所以的人帶偏。

不要因為知之甚少就用力發笑，不要因為無法理解就強烈反對，不要認為只有你喜歡的才是好看，不要因為你只見過這種情況就認定全世界都這樣。

要懂得敬畏和換位，你是螞蟻的上帝，同時也是上帝的螞蟻。

事實上，你深信不疑的道理不一定是真理，只是符合你的想法或者利益；你深惡痛絕的現象也不一定性質惡劣，只是它超出了你的認知或者理解。

你討厭的人其實沒那麼不堪，你喜歡的人也沒那麼迷人，只是你的個人好惡凌駕於事實之上罷了。

就好比說，除非獅子有它們的史學家，否則所有的打獵故事都只會說獵人有多偉大。

最好的心態是：你有你的煩，我有我的難。你不要覺得我的難是無足掛齒的，我也不懷疑你的煩是微不足道的。你有你的熱愛，我有我的喜歡。你不要覺得我喜歡的都是狗屎，我也不詆毀你的熱愛很白癡。

這就夠了。

Part 5

你是你夢想之路上唯一的高牆

◆ 所謂的「才華橫溢」，不過是勤練基本功，直到它從你的身體裡溢了出來，而已。

◆ 所謂的「必殺技」，不過是把一件簡單的事情練到了極致，直到能讓普通人嘆為觀止，而已。

◆ 所謂的「克服困難」，不過是一直去做讓你覺得困難的事情，直到你感覺不到困難，而已。

◆ 所謂的「功成名就」，不過是在一堆雜七雜八的事情和坐立不安的情緒裡熬著，熬到好事發生，而已。

◆ 所謂的「人生開掛」，不過是厚積薄發，而已。

1 每一個想努力的念頭，都是未來的你在向現在的你求救

1

我曾問過一個特別努力的孩子爸爸：「你就沒有想偷懶的時候嗎？」

他笑呵呵地說：「每當我想偷懶的時候，我就看一下想買的學區宅，看一下自己喜歡的車子，然後對自己說『是不想要了嗎』，瞬間就能滿血復活。」

我曾問過一個產量極高的編劇：「沒有你這麼有才華，能當編劇嗎？」

他笑著說：「當你有一個不容更改的截稿日期，再加一個不交稿就會打爆你狗頭的人，你就會被自己的才華嚇到。」

我曾問過一個學霸：「你就沒有想追劇、想偷懶的時候嗎？」

學霸的回答是：「所有的路都是自己選的，考個不高不低的分數也可以開心，拿不到獎學金也不會挨批評，畢業後找份普通的工作也不會後悔，然後結婚、生子、還房貸。這是大部分人的生活，但這不是我想要的生活。」

人之所以要努力，是為了盡可能緊地把命運握在自己手裡，而不是被動地困在父輩的

階層裡動彈不得。

是為了在這個有時不講理的世界裡更體面、更有底氣地活著，擁有更多的選擇權和主動權。

是為了當自己遇到喜歡的人和事的時候，除了一片真心，還有拿得出手的東西。

努力的意義就是：當好運降臨在自己身上時，你會覺得「我配」，而不是眼看著好事落在別人身上，然後憤憤地說「我呸」。

那麼你呢？

好不容易有點學習的衝動了，但書一拿出來就滿足了。

看似每天都在思考，看似什麼話題都接得住，可稍微聊得再深一點就結巴，稍微想表達得獨特一些就沒詞了。

沒有什麼底子卻又好高騖遠，想出類拔萃卻又做不到腳踏實地；看著別人很努力會膽戰心驚，輪到自己行動的時候卻又強調「明天再說」。

做什麼都不積極，不用心，不盡力，被打擊了無數次，也不過是拿罵罵天地來出氣，之後照舊是蹉跎歲月。

學不進去，玩不痛快，睡不踏實，渾身不對勁，吃得還特多。

久而久之，一身的傲骨被現實的冷水泡得酥軟，心態崩盤，眼神空洞，靈魂乏力。

最後只好輕描淡寫地說一句「順其自然吧」。

可問題是，什麼都不做的「順其自然」，無異於束手就擒，是自生自滅。

真正的「順其自然」是竭盡全力之後的不強求，而不是今天好吃懶做，明天閒得抽筋，後天意識到自己沒時間、沒準備、沒可能了，才裝出一副「死豬不怕開水燙」的樣子。

基礎沒打好，就拚命往死裡學；時間不夠花，就早起、就提高專注力；效率不高，就放下手機，放下那些干擾你的東西……

你要知道，「想學」和「在學」是兩回事，中間隔著一點一滴的「實際行動」；「在學」和「進步」也是兩碼事，中間隔著日復一日的「不懈堅持」。

最能幫到你的那雙手，就長在你的胳膊上。

沒有鴻運當頭，沒有天賦異稟，所有的出眾和成功都是一連串細節的疊加，所有的驚喜也都是人品和努力的累積。

怕就怕，你本該有光明的前程，你也列了一大堆足以改變命運的計畫，只可惜它們總是被推遲，被擱置，直至爛在了時間的閣樓上。

到末了，明明是努力的問題卻被誤以為是運氣的問題，明明是勇氣的問題卻被誤以為是時機的問題，然後把所有的「來不及了」和「悔不當初」誤以為是生活本身。

我的建議是，有困難就想方設法地去解決，有夢想就馬不停蹄地去努力，有喜歡的人就沒羞沒臊地去追求，不要等，不要停，不要靠。

船在港灣裡是很安全，但這不是造船的目的。

2

我特別佩服那種不管做什麼，都能全力以赴的人，比如葉小姐。

上學的時候特別懼怕數列題，她就把能找到的題型統統做了個遍，所以考試再遇到它時，它就成了送分題。

為了在某國求學，她發了瘋一樣備考，睜開眼睛就去上自習，圖書館閉館了才回寢室睡覺。最終如願去了想去的大學。

為了解決留學時的生計問題，她在異國他鄉兼了六份職，從酒店清潔到幫飯店端盤子，從小商店裡賣衣服到給人補課，從賣保險到幫銀行拉業務，所以整整四年時間，她沒用家裡一分錢。

為了留在心儀的公司，試用期的她每天只睡三、四小時，然後用一杯又一杯的咖啡刺激著大腦，經常累到下班倒床就能睡著。最後不僅被錄用了，而且僅用兩年的時間就升到了管理層。

相比較於別的女孩怕老、怕胖，她更怕落後，怕被淘汰，怕過了一段時間回頭看，自己竟然毫無進步。

她說：「我不知道自己將來會被誰淘汰，也不確定自己在這座城市里能混成什麼樣，但我確信：我值得更好的人生。如果一個人在蓋棺定論時會被打出『差』、『中』、『良』、『好』、『非常好』的成績單，我不想只是拿著一個『良』就歡歡喜喜地交卷，我的目標是『非常好』。」

這個看起來天賦異稟的女孩，只不過是一個比別人更努力、更有目標的普通女生。她在任何順遂的環境中，都不會縱容自己滿足於當下的成績；在任何淒涼的境地，也不允許自己用眼淚去博同情。

她努力的樣子很像一個笨蛋，笨到有懶不偷，有苦不躲，有捷徑不走，笨到除了努力，好像別的什麼都不會。可是這個笨蛋的心裡明白：如果只能努力的人還不努力，那就真的什麼都沒有了。

很多自作聰明的人喜歡說「認真你就輸了」，這些人的腦子裡安了一個精確無比的儀器，精打細算地付出努力，並做好了隨時要全身而退的準備。

這些人並非不想努力，只是習慣了權衡。結果是，別人搞砸了，他們就竊喜；別人成功了，他們就嫉妒。

可問題是：機會也好，感情也罷，你努力得不夠純粹，堅持得不夠徹底，那麼你多半是得不到的。

試問一下：全力以赴的人那麼多，憑什麼要給漫不經心的你？是因為你的臉皮更厚，還是因為你的臉更大？

大人的生存法則是：如果你是羚羊，你就必須跑贏最快的獅子；如果你是獅子，你就必須跑贏最慢的羚羊。

所謂的「才華橫溢」，不過是勤練基本功，直到它從你的身體裡溢了出來，而已。

所謂的「必殺技」，不過是把一件簡單的事情練到了極致，直到能讓普通人嘆為觀止，而已。

所謂的「克服困難」，不過是一直去做讓你覺得困難的事情，直到你感覺不到困難，而已。

所謂的「功成名就」，不過是在一堆雜七雜八的事情和坐立不安的情緒裡熬著，熬到好事發生，而已。

所謂的「人生開掛」，不過是厚積薄發，而已。

3

問答網站知乎上有個熱門的提問：「什麼時候，你後悔高考沒有努力？」

高贊回答是：「大學同寢室的人都在玩遊戲，只有我在認真看書，他們時不時就會甩過來一句：『你還看書啊？』」

事實上，你此時不滿的，都曾是你作孽的；你此刻挑剔的，都曾是你自己挑選的；你此時批評的，都曾是你親自參與的。

人生到最後，你不得不承認，這一生中絕大多數的事情，都是經由你允許才發生的。

換言之，你現在的生活，一半是對你過去的報答，一半是報應。

我經常收到類似的問題，比如：

「我太懶了，不愛學習怎麼辦？」

「我管不住自己，一上課就想玩手機怎麼辦？」

「我想考研究所，但總是走神，注意力不集中怎麼辦？」

「我不喜歡現在的工作，一點都不想做事怎麼辦？」

「我太在意周圍人的眼光，沒辦法靜下心來工作怎麼辦？」

我的回答往往是：

不愛學就不學，大不了考所差勁的大學。

想玩手機就繼續玩，大不了就被當。

注意力不集中就繼續胡思亂想，大不了考不上。

靜不下心來就繼續小心翼翼地活著，大不了什麼都不做，然後賣力地演戲給旁人看……

你不想努力，還想要我寬慰你，我只能說：這輩子不努力也沒關係啊，下輩子投胎之前注意點，不要再做人了！

人生很少是「一下子就完蛋了」，人生往往是一點一點地、悄無聲息地變成一團亂麻的。

你現在的處境基本上是你兩三年前的選擇決定的，而你現在的選擇將影響你兩三年之後的生活。

再直白一點說就是，如果你現在每天這樣宅著、頹喪著、耗著，那麼不管再過多少年，你的生活也還是一如既往的一塌糊塗。

當有一天，你看著排成長龍的、「學滿釋放」的求職大軍，你大概就知道什麼叫「五行缺揍」了。

大學的時候如果不努力，畢業的你就只是一個拿著大學畢業證書的國中生。

是的，你連高中生的文化水準都沒有，你有的只是大人的飯量和老年人的運動量。

殘酷的事實是：

你去不了喜歡的學校，是因為你喜歡的學校選擇了比你考得好的人。

你找不到喜歡的工作，是因為你喜歡的工作喜歡比你資歷更好的人。

你追不上喜歡的人，是因為你喜歡的人喜歡比你優秀的人。

社會就像一個大濾網，用學習篩掉不努力的學生，用工作篩掉不努力的年輕人，用生活篩掉沒追求的大人。

結果是，你說自己沒辦法努力，有辦法的大有人在。他們會替你把題目做了，然後替你去上所好學校；他們會替你把本事學扎實一點，然後替你去家好公司；他們會替你把工作做了，然後替你把錢賺了。

切記，每一個想努力的念頭，都是未來的你在向現在的你求救；而每一個偷懶的行為，都是現在的你在給未來的你挖坑。

4

我不知道為什麼那麼多人喜歡說「逃避可恥，但是有用」。我的親身體會是：逃避可恥，並且沒用。

比如說，你的情緒出了問題，工作上故意拖拉、對抗，那麼你以及你的團隊的效率就會大打折扣，那後果自然是，夥伴們會失望，上司會不信任你。

比如說，你怕沒面子，有了矛盾選擇避而不談，那麼你和某某的關係就會越來越淡，甚至會分道揚鑣。

又比如說，你的壓力很大，遇到難處不是唉聲嘆氣就是借酒消愁，那麼你的狀態就會越來越差，生活、感情、工作也都會隨之變得一塌糊塗。

你哪裡逃避得了呢？無非是用一些困難換成了另一些困難，而已。

你以為逃避的是壓力，是尷尬，是麻煩，其實逃避的是成長的機會，是溝通的契機，是解決問題的可能性。

所以，定好了目標，做好了計畫，就要馬上開始執行，一開始做得不好沒關係，一開始看不到效果也沒關係，即便只能做到五十分，也好過什麼都沒做的零分。

更重要的是，你會在一次又一次的實際行動中，找到方法，掌握技巧，進而表現得越來越好，越來越接近滿分。

腦子裡走了迢迢萬里，遠不如腳下踏出一步；用實際行動來證明自己，遠好過用想像來糾結自己。

不努力的人生不配叫人生，只能叫認命。

我想提醒你的是，好機會永遠不會到處群發，好東西從來不會人手一份，我們如此努力，不過是為了買得起或者配得上。

那麼你呢？

也曾想過考研究所，不能說完全沒做準備，也不能說完全放棄了，因為買了資料，報名了課程，可惜一直沒認真去準備。

也想過要多賺點錢，不能說完全沒有野心，也不能說完全佛系，因為班也加了，夜也熬了，可惜本事還是原地踏步。

在社群平臺上收藏了無數神人的成功經驗，卻從未切實執行，但感覺自己與神人的差距越來越小了。

嗯，承認自己拖延是不可能的，於是很多人喜歡說「我在醞釀」、「我在準備」、「我在蟄伏」。

你同時擁有不甘心和心不在焉兩個「分身」，所以做的時候馬馬虎虎，不能如願以償的時候又悔不當初。

一邊恨自己安於現狀，一邊卻又將自己偷偷原諒。根本就沒有傾盡全力，卻逢人就說自己無能為力。

總而言之就是：知道自己不該玩、不能玩、沒時間玩，卻依然偷著玩、熬夜玩、焦慮著玩。

對於這種沒有決心堅持到底的人，我其實特別想勸你不要那麼努力，不然你每次都會對人生產生巨大的期待，然後在期待落空之後，會覺得世界欺騙了你。

弱弱地問一句：一輩子都待在人生的低谷，你是因為懼高嗎？

生而為人，最要緊的任務是讓人看到你的能力，而不是讓人看到你的努力；最重要的目標是在水多的地方拚命挖井，而不是以穿越了沙漠為榮。

真正的「吃苦」，是長時間地將精力鎖定在某個既定目標上。在這個過程中，你放棄了純粹的娛樂，放棄了無用的社交，放棄了不切實際的幻想，忍受了旁人的不理解、不支持，接受了不被關注和不被關心，變得更有耐心，更有韌性，更能忍受無助、無視和孤獨。

所以我的建議是，不要表演努力，不要美化苦難。你要知道，磨煉意志是因為苦難無法避免，不是因為苦難是好事。沒有創造價值、沒有解決問題、沒有提升能力的「吃苦」，就像是在一片漆黑之中向喜歡的女孩拋媚眼，不過是自己糊弄自己罷了。

每天臨睡之前，你可以試著寫個「每日小結」，這樣你就會清醒地意識到，自己每天完成的事情其實非常少。如果不用心去編，你甚至可以不用寫字。

5

紀伯倫教我們七次鄙視自己的靈魂，而我則希望你能七次感謝自己的靈魂：

第一次感謝自己在機會均等時，沒有輕言放棄。

第二次感謝自己身處困境中，沒有輕易認輸。

第三次感謝自己在面對權威時，沒有輕易妥協。

第四次感謝自己在面對誘惑時，守住了底線。

第五次感謝自己在面對人情世故時，沒有變得虛情假意。

第六次感謝自己在人云亦云的潮流面前，沒有盲目跟風。

第七次感謝自己在屢屢面對生活的無聊或無奈時，依然積極且努力。

希望我們這些遊走在人間的普通人類，都有努力揮揮手就能被命運給到特寫鏡頭的好運氣。

如果它沒給，希望你踴躍舉手，並且舉著不放。

反正已經順利地降落在人間了，那就用熱愛占場，憑實力為王。

只有一次的人生，要拿出點幹勁來啊！

2 欲望就像暴風雨，而自律就是指南針

1

一百公斤的劉先生瘦到七十公斤的時候，我差點就認不出他了。要不是他跟我招手的時候喊出了我的名字，我一定會說：「你認錯人了吧。」

這個一百七十公分的小夥子曾經因為胖而受過無數的嘲諷，其中最刻薄的一句是：「都快胖成正方形了，摔倒了，我都不知道該扶哪頭。」

當年的他以邋遢聞名於交友圈。租來的房子亂得像是垃圾場，每次找完東西，現場就像是被炸過一樣。

公司遲到次數最多的是他，他的鬧鐘從六點開始，每隔十分鐘響一次，一直能拖到七點五十分才起床。

他每天的日常大約是，一動不動地坐在工作位置上，閒置時間就抱著洋芋片追劇，三餐全靠外送。

晚上一到家就繼續零食、可樂、遊戲，一坐就是三四小時，一熬就到了下半夜兩三

點，然後一出門就是滿臉痘、滿臉油、滿臉疲倦……

他說：「照鏡子的時候，我看自己都想吐。」

讓劉先生下定決心改變的是一次頒獎典禮，老闆只帶了他一個人參加。

老闆突然指著臺上領獎的人對劉先生說：「你比他優秀多了，在臺上領獎的人應該是你。」

劉先生的心臟「咯噔」一下，像是突然被人抓住了，再狠狠地捏了一下。

他說：「我這輩子從來沒有被人看得起過，那是第一次。」

那一天成了他人生的分水嶺。

之前，他是一個高鹽高油高脂的邋遢胖子，是個被無數人嘲笑和瞧不起的「亂室佳人」。

之後，他悄悄地開啟了控鹽控糖的自律生活。一開始是每天跑三圈，慢慢變成了每天五圈，再後來固定在每天十二圈。

他說：「自律一段時間之後，困擾我的負面情緒慢慢消失了。我不再自卑於『胖』這件事，反而會因為每隔一段時間就瘦一點越來越有自信。」

他甚至還跟我自嘲他當年有個非常洋氣的英文名，叫「肥德．圓不隆咚」。

從一開始的「非常吃力」，到後來的「毫不費力」，中間是不為人知的「竭盡全力」。

自律的本質是：違背天性，親自動手去搞定那個頹廢的自己。

減肥之所以難，一是因為大人的新陳代謝能力在逐年下降；二是因為在各種求而不得的世俗欲望中，食欲是最輕易滿足的；三是因為大部分人減肥的策略是發誓、收藏影片、制訂計畫，然後，等脂肪自己離開……

那麼你呢？

打開美顏時，心裡美美地感慨：「女媧娘娘怎麼可以捏出這麼好看的人類？」關了美顏之後，就想馬上翻開《山海經》，看看自己的祖先在哪一頁。

年初的時候發誓要做個財務自由的打工人，年底的時候依然是「心有餘而睡眠不足，心有餘而智力不足，心有餘而餘額不足」。

也想過要擠出時間提升自己，結果一到家就想著遊戲、追劇、綜藝、聊天、短影片，肚子餓了才想著叫外送，吃完了之後想繼續努力，結果剛翻開書或者剛走進健身房，第一反應是「先發個動態吧」。

然後，你不經意間滑到了前任的新動態、偶像的新進展，以及某個群組裡又分享了好笑的影片，等都滑了一遍，你終於想到要努力了，可此時夜色已深，睏意襲來，於是你倒頭就睡，醒來已是豔陽高照……

不知不覺中，那些眼前的欲望搶走了你的大好時光，並且讓你很難集中注意力。

不能集中注意力是一連串失敗的開始，因為你沒辦法沉下心來做一件事。不是你資格不夠，不是你能力不行，而是你根本沒辦法開始！

實際上，每個人的身體裡都有一個癡迷於短期快樂的惡魔，也有一個專注於自我價值的天使，你平時的所作所為更多地滿足了誰，誰就會主宰你的外在形象和整體氣質。

好吃懶做、手機成癮、貪財好色、好賭成性、熬夜上癮、大吃大喝……所有這些低級的欲望都可以通過放縱來滿足。而早睡早起、控鹽控糖、鍛煉身體、穩定情緒……這些高級的欲望只能透過自律來達成。

一口一口的食物，搭建出你的肉身；一次一次的經歷，搭建出你的靈魂。

身體犯懶，會慢慢毀掉你的皮囊；內心犯懶，會漸漸毀了你的夢想。

怕就怕，你承受不起這個年紀該有的運動量，卻承受了這個年紀不該有的飯量，然後大吃大喝了之後還想著要瘦。試問一下，心誠則零卡路里嗎？

2

拿到體檢報告時，老姜打顫了一下，就像是上學的時候聽到老師說要公佈考試成績。他沒有馬上打開，而是忐忑地耗到了下班，回到家，坐在沙發上，喝了幾口水，再深吸了幾口氣，這才鼓起勇氣一點一點地撕開了體檢報告的密封條。

跟去年相比，各項指標都差不多，他的血壓、血脂、肝、牙齒和頸椎都或多或少還有點問題，但他還是鬆了一口氣。

對大人來說，不是身體健康才可喜可賀，僅僅是體檢沒有查出新毛病，就值得笑出聲來。

讓老姜如此緊張的主要原因是，他鄰座的同事上個月突然就沒了，沒有任何徵兆。在去世的前一天，同事還跟老姜打招呼、開玩笑，看起來非常正常，結果一覺醒來就涼透了。

法醫給出的結論是：「慢性睡眠不足造成的猝死！」

越來越多的猝死事件都在尖銳地提醒世人：死亡並不是終將會到來的事情，而是隨時都可能到來的事情。

而現實中，有太多人是為了健康過著相當有病的生活。

經常廢寢，但從不忘食。飯前代謝錠，飯後油切茶，然後心安理得地大吃大喝。

不愛體驗，卻怕生病，還有一套自欺欺人的奇怪邏輯：「只要不去體檢，我就是健康的。」

坐著就能睡著，躺下卻無法入睡。早上被鬧鐘叫醒的時候很抓狂，恨不得把昨晚上熬夜的自己丟進垃圾桶裡；但到了晚上又特別清醒，也特別囂張，勇猛地熬著夜，都快忘了自己姓什麼。

餓了沒精神，吃飽了又愛犯睏。中午發誓絕不吃飽，「再吃撐，我就是狗」；晚上發誓絕不吃飯，「吃一口，我就是豬」。從此以後，是人的日子越來越少了。

久而久之，你的身體就像是散裝的，二十幾歲的年紀，配的是三十幾歲的視網膜、四十幾歲的皮膚、五十幾歲的膝蓋、六十幾歲的腰，以及許多早已入土為安的頭髮。

睡眠就像是被造物主徵收的百分之三十三的生命使用稅，你敢偷稅漏稅，你就得付出慘重的代價。

我想提醒你的是，第一次犯的錯誤，大多數都可以被原諒。比如，第一次摔倒、第一次罵人、第一次蹺課、第一次失職……但唯有第一次死不能！

你身上的每一個「零件」幾乎都是一次性的。特別是眼睛、頸椎、膝蓋、血管、肝臟，這些器官一旦受損常常是不可逆的。而辛辣刺激的啤酒海鮮、重油重鹽的燒肉火鍋、沒完沒了的手機和遊戲，以及熬夜和久坐，會在無形中把你拖到危險的境地。

所以，睏了就睡吧，你又不是沒有明天的人。

3

電視劇《二十不惑》中，女主的顏值和身材都比同寢室的人要好很多，於是室友就跟女主抱怨：「命運可真不公平。」

結果女主說：「你們在熬夜通宵追劇的時候，我為了我的臉早睡早起；在你們癱著發黴的時候，我去跑步運動；吃個火鍋，你們想吃麻辣湯底就吃麻辣湯底，可我呢？清湯還要過遍水，你們做得到嗎？」

是的，好看又不膚淺，也不容易！

你在生活中看到的每一個神采奕奕的人，都是踩著刀尖過來的。你如履平地、舒適安逸地活了這麼多年，當然不配擁有他那樣的光輝。

自律或不自律的人，在三五天看來是沒有任何區別的，在三五個月看差異也是微乎其微的，但在三五年來看，那就是身體和精神狀態的巨大分野；如果是十年再來看，也許就像是一種人生對另一種人生不可跨越的鴻溝。

自律的人會嚇唬自己：「雖然不能再長高了，但還可以再長胖。」而你則一臉虔誠地喊：「世間安得雙全法，不負油炸雞米花。」

人常常意識不到自律的重要性。尤其是在寒風凜凜的早上賴在被窩裡酣睡的時候，在狐朋狗友的觥籌交錯中大吃大喝的時候，在夜深人靜的亢奮中滑著短影片的時候……

但是人會突然意識到自律很重要。比如，去年的衣服今年穿上的時候感覺有點緊了；站在體重機上看到那個數字有點刺眼；看見別人在職場上平步青雲，或者感情生活豐富多彩的時候；翻開了體檢報告看見了幾個不想看到的箭頭……

換言之，你不是不想自律，而是做不到。

因為在大清早把自己從溫暖舒適的被窩裡揪起來，再丟到外面的冷風中跑步，很苦。

因為在工作了一整天之後，還得去健身房裡氣喘吁吁鍛煉，很累。

因為在天朗氣清的週末，推掉朋友的聚餐邀請，把自己關在房間裡讀書寫字，很無聊……

而那些自律的人不會因為沒喝到那杯奶茶而憋得慌，也不會因為沒有參加朋友聚會而覺得沒意思，因為對他們來說，高糖的奶茶就是不該碰，大吃大喝的聚會就是沒必要參加，用不著為此糾結，自然也不會覺得苦。

苦的是那些自制力差的人，最後不得不在跑步機上後悔吃得太飽了，在成績單面前後悔玩得太多了。

大人的世界沒有公平可言。別人吃炸雞的時候你也吃，別人喝奶茶的時候你也喝，別人吃一大塊蛋糕的時候你也搞一大塊，別人熬夜的時候你也熬，別人喝得不知道自己是誰的時候你也喝……

可是，別人可以一如既往地穩定在五十公斤以內，可以早上鬧鐘一響就起得了床，可以在老闆要解決方案的時候給出幾個備選，而你只能嘆一口氣說：「唉，真不公平。」

一個善意的提醒：冬天不會是永遠的，嚴寒一旦開始消退，肥肉就會破衣而出。

4

有記者採訪一位女拳王。

記者問：「你最愛吃什麼？」

女拳王說：「女孩子吃的冷飲和甜品，我都愛吃，但我從來不碰。」

記者追問：「就吃一點也不行嗎？」

女拳王說：「可樂喝一點，甜品吃一點，再晚睡一點，第二天再少訓練一點，這些『一點』堆在一起就會變成大問題了，所以還是算了。」

記者又問：「你能忍住，靠的是什麼？」

女拳王答：「我想成為最好的（拳手）。」

自律不等於無欲無求，相反，自律是非常「貪婪」，所以能夠調動更大的欲望來征服眼前的小欲望。

一個身材曼妙的美女，長期控制飲食，長期健身，那是因為她對自己容貌的自我要求，對得到別人欣賞和愛慕的渴求，遠遠高過美食的誘惑，所以她自律。

一個日積月累學習，常年和自己硬拚的人，沒日沒夜地自習、學習，那是因為他對成功的渴望，對逆襲的渴望，遠遠大於放縱和懶惰。所以，他自律。

一個家境殷實、帥氣陽光的人，常年控糖控鹽戒女色，那是因為他對事業的追求，對生命品質的追求，以及對實現人生價值的野心，遠大於味覺和情欲。所以，他自律。

同樣地，那個每天科學飲食的女生不是不愛高熱量、高脂肪的食物，只不過她想要的是今年之內練出來馬甲線。

那個每天埋在自習室的男生不是不愛打遊戲、不愛滑手機，只不過他想要的是成為那所全球前十的名校研究生。

那個週末還在補習的白領不是不喜歡在沙發上癱著，然後一睡睡到下午，只不過對他來說，相比於睡懶覺，他更喜歡搞錢。

這些人很清楚，未來有可觀的回報，遠超過當下的享受，所以他們能克制自己。

怕就怕，有的人是因為好看能勾人，有的人是因為有趣能勾魂，而你沒什麼能勾的，只能勾芡。

所以，你想要肆意的人生，就要先學會克制。從克制熬夜、爭取早起，到克制食欲、減輕體重，到克制各種不甘心、嫉妒心、得失心。

你喜歡吃冰淇淋，那麼平時就應該忍著不吃，將它作為特別日子的獎勵，而不是想吃就吃，直到它變成拉肚子或者肥胖的罪魁禍首。

你覺得某個人很重要，那麼平時就應該和他保持一定的距離，將他視為特殊狀況的救命稻草，而不是大事小忙都找人家，直到讓人對你避之不及。

你迫切想要完成某個目標，那麼平時就應該拒絕那些阻礙你的小誘惑，而不是放縱散漫，直到一切都來不及了再悔不當初。

有一個變瘦的目標不等於就會變瘦，讀書不等於知識淵博，想變得更好不等於就會變好。

想瘦和會瘦之間，隔著無數的「多吃一口，又不會死」。

讀書和知識淵博之間，隔著無數的「多玩一會兒手機，又不會死」。

希望變好和真的變好之間，隔著無數的「偷一會兒懶，又不會死」。

我的建議是，把碳酸飲料換成白開水，把沒完沒了滑動態、滑社群軟體換成讀書、學習、運動。

把毫無節制地熬夜換成按時睡覺，把根本就停不下來的零食換成新鮮的水果。

把餓一餐飽一頓的不規律飲食習慣換成定時定量地吃飯。

把惶惶不可終日地躲在角落裡迷茫換成出門去跑步……

當你越來越自律的時候，你會發現人生就像開了掛一樣，所有的「心想」都可以變成「事成」。

沒有人督促，你也能孜孜不倦；沒有人喜歡，你也可以非常坦然。

怕就怕，距離你辦健身卡已經過了大半年，可你的身型卻沒有絲毫改變，於是你親自去了一趟健身房，然後問老闆：「幫我看看這張卡，到底是哪裡出了問題？」

5

一個喜歡熬夜玩遊戲的男生對我說：「我聽說人類的壽命已經增長到了八十五歲，所以我相信，等我活到八十五歲的時候，現在大家擔心的那些毛病，什麼痛風、白內障、五十肩，肯定都有治療的辦法了。」

我說：「你活到八十五歲，和忍到八十五歲，是兩種完全不同的命運。」

一個在飲食上毫無節制的女生對我說：「我不理解為什麼現在的女生一個個的都要減肥，難道像我這樣不減肥的人就沒有人喜歡了嗎？」

我說：「我不知道，但你可以站在異性的視角想像一下，你會找一個看起來自己打不過的人做女朋友嗎？」

我曾問過一個非常自律的男人：「為什麼那麼在意自己的身體？」

他的回答非常務實：「保持健康，就是在跟同齡人搶飯碗，就是在跟醫院搶錢。」

我曾問一個喜歡馬拉松的姑娘：「怎麼會對跑步上癮？」

她的回答非常酷：「跑步分泌的多巴胺僅次於談戀愛，三公里專治各種不爽，五公里專治各種內傷，十公里跑完內心全是坦蕩和善良。」

我還曾問過一個各方面條件都很出色的女孩子：「為什麼還要這麼拚？」

她的回答非常漂亮：「雖然我是個女孩子，但是我希望以後有能力幫助我的家人、朋友以及另一半，而不是在他們無助的時候，我也無助。」

自律是自己對自己提要求，但自律的結果是：它會讓你有底氣跟生活提要求。

一個認真生活、認真保養、認真管理身材的女生，肯定不會找一個邋遢、油膩、滿臉是油，並且只會用嘴巴說愛情的男生。

一個努力健身、時刻提升自身形象和價值的男生，肯定不想找一個既胖又醜還懶的女生來共度餘生。

你擁有的清醒和克制會化作眼神中的那一抹堅毅，你付出的努力和汗水會變成臉上的那一股精氣神。

沒有足夠的精力做保障，你還奢談什麼獨當一面？不能耐住性子、不能內心強大到混蛋、不能擁有點真本事，你憑什麼在生活面前軟硬不吃？

所以，你一定要認真記住那些陪你熬夜、慫恿你大吃大喝的人，就是這幫傢伙害得你的黑眼圈這麼重、皮膚這麼差、肚腩這麼厚、看起來這麼老的。

同樣的道理，如果你身邊有一個特別自律的人，哪怕他看起來有點奇怪，有點無趣，甚至還有點不合群，哪怕他現在還沒有做出什麼成績，哪怕他的天賦比同齡人看起來要差一些，請你一定不要低估這個傢伙，因為他克制欲望的本領練到了爐火純青的地步。

這恰恰說明了：他有非常想要的東西，而這個東西是普通人的放縱生活根本就給不了的。

的。

厲害的人總是占極少數，每一條成功的法則都是反人性的、需要和周圍的環境做鬥爭的。

換句話說，說一個人厲害、說一個人自律，其實就是說這個人願意付出更多的代價。哪有什麼天賦異稟，不過都是百煉成鋼；哪有什麼天生尤物，不過都是修煉成「精」。

我們提倡自律，不是為了取悅別人，而是當你站在鏡子前或者出現在照片上，你的亭亭玉立或者翩翩風度，你的坦坦蕩蕩或者落落大方，連你自己都會目不轉睛。

3 世人慌慌張張，不過圖碎銀幾兩

1

在氣跑了八個相親對象和四個媒婆之後，黃姑娘的媽媽警告她：「不結婚的話，回家連個說話的人都沒有。」

黃姑娘喜上眉梢：「哇哦，居然有這麼爽的事情。」

五年前的她可沒有現在這麼會貧嘴，那時候她只是貧。

剛到北京的時候，她和兩個不認識的女生合租一間十坪的房子，因為沒錢，她不敢參加聚餐，不敢瞎玩；因為房間小，趕上誰回來晚了或者誰失戀了，一點動靜就能讓她整夜失眠。

如果某個月碰上同學結婚、生孩子，或者自己不小心病一場，那她這個月就得吃好多天的泡麵。

爸爸媽媽天天在視訊電話裡問：「混得怎麼樣啊？」

她要嘛說「剛吃完火鍋」，要嘛說「剛逛完街回來」。

然後繪聲繪色地描述那火鍋有多好吃，以及逛街的時候看到了什麼好玩的事情。

掛掉視訊，她就眼淚汪汪地喃喃自語：「我要回家！」

但轉念一想：「混成這個鬼樣子回去，這七大姑八大姨不知道得笑成什麼樣子！」

再想到一回去就得結婚，她就把「一定要把辭呈扔在滿臉橫肉的主管臉上」的想法生生地掐滅了。

就這樣，一邊想著「混不下去就回家算了」，一邊嚇唬自己「不努力是要結婚的」，黃姑娘在北京熬完了六年，月薪漲了近十倍。

這期間，她從嘈雜的合租房搬進了五環邊的單身公寓裡。

之前合租的小姐妹曾問她：「你自己住有什麼意思？」

她說：「可有意思了，洗澡的時候還可以大聲唱歌。」

她不再覺得主管是故意針對自己，也不認為客戶會沒事找事，更不會去猜同事有沒有背後捅刀子。

她只擔心工作沒做到位，擔心賺不到錢，至於誰為什麼不喜歡自己，誰為什麼把門關得那麼響，誰突然對自己隱藏動態了，她一點都不關心。

不論是把新買的車開進了臭水溝裡，還是把咖啡潑到對她動手動腳的相親對象臉上，她臉上總掛著「今天天氣不錯」式的微笑。

她也有被工作虐得想死、被客戶氣得想摔東西的時候，但她不會歇斯底里，搞不定的時候就去買買買，累得透不過氣的時候就去玩玩玩，實在氣不過來的時候就一臉嚴肅地嗆回去。

經濟能自立，人格和尊嚴就有人撐腰，愛情和自由就可以免受委屈。大人用辛苦換來的，就是說「不」的底氣。

所以，我勸你愛錢，不是勸你唯利是圖，不是勸你縱容自己的物欲，而是愛錢帶來的自由和自信。

大人的世界裡，很大一部分快樂和自由都需要用錢來維繫，很大一部分麻煩和情緒都可以用錢來消化。在你孤立無援的時候，金錢往往可以為你助威；在你面對威逼利誘的時候，金錢往往可以替你撐腰。

比如，你喜歡攝影，你就可以去冰島拍極光，去夏威夷拍海岸線，去非洲拍獅子。

你喜歡旅行，你就可以去巴黎看鐵塔，去羅馬泡個澡，去東京看櫻花。

你喜歡安靜，你就可以在自己的房子裡四仰八叉地躺著，像獸窩在洞裡。

努力賺錢的意義，就是為了讓自己擁有更多的選擇權，可以做更多自己想做的事。

就是在緊要關頭，你可以憑金錢來維持一點自尊。

就是在數量繁多的生活方式面前，能夠坦坦蕩蕩地選出最喜歡的那種活法。

就是盡可能地守住自己的原則和底線，盡可能地不被命運硬拽進爛泥裡。

記住，每一分你賺的錢，都是你和生活單打獨鬥的底氣；每一次你花的錢，都是在為你想要的世界投票。

2

胡先生突然說：「老楊，真想來一場說走就走的旅行啊！」我一想到他都說了八百回了，就補了一刀：「如果你想去旅行，說明你最近不快樂；如果你想去卻又沒去，說明你又窮又不快樂。」

他發了一堆捂臉的表情，然後跟我吐槽他的現狀。

他說最近跟老闆總是聊不到一塊兒去，他覺得老闆太保守，而老闆則認為他太冒進。

他說入職快三年了，薪水卻還是和三年前一樣，但他又不太好意思提加薪。

他說女朋友今年問了好幾次「什麼時候結婚」，但都被他搪塞過去了，他不是不愛，而是實在買不起房子……

等他吐槽得差不多了，我才很認真地對他說：「如果我沒猜錯的話，你工作的目的是賺錢。所以，如果是和老闆的思路有衝突，那就坦坦蕩蕩地講出來。一大把年紀了，裝乖的意義不大，不如讓他知道你真正的想法，行就行，不行就趁早換地方。如果是對薪水不滿意，那該不要臉去爭就得不要臉去爭，你今天矜持一下，明天不好意思一下，最後除了委屈、不滿、不甘，你什麼都得不到。」

利益這種東西，你不主動去要，別人是不會主動給你的。但你要到了，不要覺得這是自己應得的，而是要心存感激。

很多人都不好意思談錢。和戀人談錢，怕對方覺得自己膚淺拜金；和老闆談錢，怕老闆認為自己功利現實；和熟人談錢，又擔心傷了彼此多年的交情。

可是別忘了，我們都是凡夫俗子。進入社會之前，你可以天真爛漫，可以視金錢如糞土，可以拿面子當飯吃……

但是，當你進入社會之後，你就該明白，人生無退路可言，家庭不是，婚姻不是，戀愛不是，唯有你的能力和戶頭裡的錢才是體面活著的底氣。

對一個大人來說，生活不只眼前的苟且，還有房租、飯錢、水電費、孩子的補習費、老人的贍養費……

吃飯要花錢，喝水要花錢，開燈要花錢，洗澡要花錢，睡覺要花錢，出門要花錢，在房間裡一動不動地坐著，也要花錢！

換句話說，大人的美德就是努力賺錢。

有了物質做保證，你才能對討厭的人說「走開」。

你才能在厭倦了工作之後，體面地退出。

你才能在一個晴朗的午後，心平氣和地讀一本閒書……

你就可以不用因為貴而買不起喜歡的鞋子，可以不用為了錢而選擇不喜歡的人，可以不用為了謀生做不喜歡的事情，可以不用因為沒錢而苦求他人……

怕就怕，別人都在三省吾身——每天頻繁地反思，而你只能三「省」吾身——省著點吃，省著點花，省著點用。

是的，大人的內傷只有一種：想買東西，但錢不夠。

所以我的建議是，不要在年紀輕輕的時候把「我沒錢」掛在嘴邊，因為你不說出來，別人也能看出來。

不要故作高深地說「錢財乃身外之物」，準確來說是「別人的錢財」是你的身外之物。

也不要在一無所有的時候強調「知足常樂」，那只是不思進取或無計可施罷了。

真正能讓人「長樂」的，是因為不甘心而銳意進取了，又因為努力而得償所願了。

所以刻薄一點說，錢不是糞土，我們才是。

哦，對了，世界上還真有那種天上掉錢的工作，就是在許願池裡當王八。

3

都說「貧賤夫妻百事哀」，能哀到什麼程度呢？

生完孩子的玲子最有發言權。玲子是二〇一五年嫁到武漢的，懷孕的時候，整座城市就像一個大蒸籠。老公心疼她，就在網路上買了一個二手冷氣。收到貨的時候，她老公都快要氣炸了，因為真的是又醜又吵，但退回去還得花一筆「鉅款」，所以只好將就著用了。

當時太窮了，剛買完房子，還在租屋處住。房貸加房租，再加上玲子懷孕了不上班，生活這一系列組合拳打得這對新婚夫婦是滿地找牙。

有一次去吃烤肉，看到一個點心特別想吃，但一小塊就要一千多塊，玲子捨不得，猶豫了好半天才跟旁邊的服務生說不點了，服務生馬上甩來一個凌厲的白眼。

玲子說她這輩子沒恨過誰，但那個服務生，她到現在還在恨。

還有一次是去做產檢，去的時候坐公車去的，回來的時候又累又熱，她就攔了一輛計程車，司機開出去一百多公尺才說：「不按表喔，一口價兩百五十元。」她馬上就急了：「你騙誰啊？馬上靠邊停車，不然我就跟你拚命！」

玲子下車之後哇哇大哭，為了幾百塊錢，挺著大肚子的她居然想跟人拚命。

大人的生活僅憑愛意是遠遠不夠的，因為有情並不能飲水飽！

一個人的時候，你有很大機率可以忍受窮，但兩個人的時候就很容易怪罪於對方。

比如，是加班，還是回家膩在一起；是叫車，還是擠公車捷運；是出去吃頓好的，還是寄錢給對方的父母；是添置新傢俱，還是出去玩一趟……

比如，什麼買貴了，什麼買得不值，什麼該買的沒買，什麼不該現在買的卻買了……

如果養了孩子，你的體會會更加深刻。

你會發現，孩子的一門功課，落在家長身上，就是一座大山。

你還會發現，「不讓孩子輸在起跑線上」就是一句騙人的鬼話，因為自己就是孩子的起跑線！

想對拿感情當飯吃的女生說，如果你每天只惦記著「他在幹嘛」、「他是不是真的愛我」，那麼你就要做好在二十幾歲就得忍受婆婆的橫眉冷眼，在三十幾歲就得踩著高跟鞋在菜市場裡跟人討價還價，在四十幾歲就要提心吊膽老公是不是外面有人了的打算。

想對拿婚姻當救命稻草的人說，如果你還抱著「嫁入豪門，分他財產」的幻想，勸你趕緊打住。因為現在的《婚姻法》強調的是：「你有什麼，我保護你什麼；你什麼都沒有，你就什麼都別想。」

是的，只有淨身入戶的人才會淨身出戶。

沒有安身立命的本事，你就得交出人生的主宰權。

畢竟，安全感這種東西是別人給不了的，他的安分守己或顯赫家世給不了，他的甜言蜜語或海誓山盟也給不了。

能給你安全感的，是讓你經濟獨立、思想獨立、人格獨立的本事，是讓你餓了有飯吃、累了有房住、病了有藥醫的本錢。

當然了，不是有錢了就表明你不會擔心別人會離開你，而是意味著，就算有一天，自己真的被背叛了，雖然也會痛，但你承受得起。

也不是有錢了，你就一定能和喜歡的人在一起，因為不是所有人都會嫌棄你窮，還有可能會嫌棄你醜，嫌棄你懶，嫌棄你不會說話，以及嫌棄你又醜又懶，同時不會說話。

4

我並不認為錢是一個人生命中最重要的東西，但如果你缺錢，錢就會顯得尤其重要！

一個叫外送的女生說，颱風過境，她「沒人性」地點了一碗牛肉麵，隨後在樓上看見外送員冒著大雨趕來了，突然一個踉蹌，他整個人都倒進了水坑裡，但他很快就爬起來了，然後把機車推到了路邊，再跑步來送餐。

收到餐的時候，女生都要哭了，因為外送員一直跟她說：「不好意思，不好意思，剛才摔了一跤，麵湯都灑了，您能不能不要給負評？」

一個鬍子雜亂的男生說，如果有個女孩子不圖你的錢，不圖你的車，不圖你的房，還一心一意只想嫁給你，請不要答應她。她不懂事，你得懂。

然後，他在前女友結婚當天發了一則動態：「一生清貧怎敢入繁華，兩袖清風怎敢誤佳人？」

一個在大城市裡打拚的「月光族」女生說，前幾天跟媽媽視訊，媽媽繞了好幾圈才小心翼翼地問她「錢夠不夠花」，她說「剛好夠」。她媽媽愣了一下，然後囑咐她花錢不要大手大腳的。

過了幾天，她才從表妹那裡知道，是家裡的農機壞了，需要錢修，而爸媽又不好意思和別人借，只好找她開口，但見她捉襟見肘又心疼了，最後只好撇下顏面去找鄰居借。

女生哭了一整夜，她只是恨自己不爭氣。

一個急診科的醫生說，某天夜裡來了兩個工人，一個急匆匆地喊「醫生快來」，一個捂著手指頭噭噭亂叫，他們的手上、衣服上都是血。醫生一看是手指頭被什麼東西切掉了，就對他倆說：「馬上進行手術，是可以接上的。」

結果傷者怯怯地問了一句：「手術要花多少錢？」他回答了一個大概的數字之後，對方馬上說：「那不接了，你直接上點藥水處理一下吧。」

一個一百九十幾的大漢說，當年病重的父親已經被推進手術室了，在即將打麻醉的前一刻，站在走廊裡忐忑不安的他聽見一個護理師大聲喊：「某某的家屬請注意，這個手術暫時不能做了，你們的手術費用還沒交齊呢！」

大漢一屁股坐在走廊的地上，一邊罵盡了髒話，一邊使勁地抽自己耳光。

原來，容易崩潰的不是大人，而是窮大人。

所以，年輕的你不要窮得那麼心安理得，要努力賺錢，要有計劃地花錢，這不是俗氣，而是因為要用錢去捍衛尊嚴的時刻太多了。

對於大多數人來說，單單缺錢這一件事，就為人生這趟旅途設置了九九八十一難。人如果是獸，那麼錢就是獸的膽子。

有錢的意義不在於揮霍，而是能讓你的愛情更純粹一點，讓你的原則更穩固一點，讓你父母的晚年更安康一點，讓你的子女更快樂一點，讓你的某個旅程更舒服一點，讓你做某個選擇的時候更坦然、更堅定一點……

你就不用那麼擔心自己或者家人被病痛侵襲而束手無策，甚至可以為他們免去很多痛苦。

你就不用擔心自己的兒女配不上其他人，還能成為他們堅實的後盾。

你就不用擔心物質的貧困帶來精神的短視，不會因為一點小錢變得蠅營狗苟。

努力賺錢不是為了富甲一方，也不是為了紙醉金迷，而是為了擁有更多的選擇權，為了不用再放下尊嚴或者體面去賺一些讓自己火大的臭錢，為了在親人有需要的時候能夠底氣十足地對他們說「沒事，有我在」，為了在被勉強的時候能夠理直氣壯地對世界說「我就不」。

人間的苦難並非不能忍受，沒有愛可以，但沒有錢很難。當你有了足夠的內涵和物質做後盾，整個人生就會變得底氣十足。

4 不幸的人，一生都在治癒童年

1

有個家長找我幫忙，一開口就是：「求求你了，救救我的孩子吧。」

他說他不知道怎麼跟兒子交流，父子倆在哪裡見面，哪裡就會變成戰場，氣不過來的時候，他就會動手去打。

最劇烈的一次衝突發生在今天下午，兒子扶著窗戶，惡狠狠地對他說了一句讓他脊背發涼的話：「別再逼我了，不然連名帶姓，包括命，我都還給你！」

他說：「我真的搞不懂，兒子為什麼會這麼恨我？」

他說他辛辛苦苦地把兒子養大，供他去當地最好的學校上學，請最好的家教，上最貴的補習班，給他衣食無憂的生活，就因為這次考試沒考好，在家長會上吼了他兩句，結果他就要去死。

我回覆道：「換個角色想一想，老闆發薪水給你，但如果老闆無視你的努力，甚至在你竭盡所能之後，還不分青紅皂白就說你是豬腦袋，你是不是也會恨他？你受不了老闆，可以選擇跳槽；孩子受不了你，卻沒有選擇，只能選擇跳樓。」

他問我：「多脆弱啊？居然會因為被吼了幾句就想著要死？」

我反問：「多絕望啊？居然連死都不怕？」

我想說的是，讓他崩潰的，根本不是今天的辱罵，不是某個巴掌，不是一份排名，而是之前無數次的不被尊重、不被理解、不被關心而累積下來的無助和失望。

壓死駱駝的從來就不是最後的那根稻草，而是之前的每一根。

很多家長其實不知道自己已經在無意間對孩子造成了多大的傷害。

聽見孩子抱怨學習壓力大，你就不屑地說：「讀書這點壓力就受不了，將來到社會上有屁用？」

看見孩子退步了，你就失望地說：「你知道為了供你上學，我活得有多辛苦嗎？」

看見孩子沒考好，你就惱怒地說：「考得那麼差，你怎麼不去死啊！」

看見孩子沒認真，你就開火：「只會玩手機，你就是個廢物！」

看見孩子被人比下去了，你就會嫌棄地說：「你看看別人家孩子，你再看看你。」

而如果孩子頂嘴了，你就會惡狠狠地說：「養你還不如養一條狗，最起碼它還會對我搖尾巴。」

再間歇性地配合著一個白眼、一個巴掌、一記重拳、一記飛踹，又或者是一個接著一個的、無聲的搖頭，一串接著一串的、刺耳的哀嘆……

這就好比說，你把他的腿打到骨折了，然後買了一副最好的拐杖給他，再對他說：
「你看，沒有我，你連路都不會走。」

你不知道的是：

他可能剛做完兩組數學題，還背了五十個英文單字，還在想著寫一篇作文，他其實一點也不輕鬆，甚至還有可能非常疲憊！

他可能在考試的那幾天得了重感冒，可能是硬撐著才考完的，他其實比你還想考好，可惜狀態實在是太糟糕了。

他可能剛剛被同學排擠了，鬱悶了一個下午，又不敢跟你講，只好在手機裡找好友傾訴，他只是不想被你發現，可惜還是被發現了。

他可能被喜歡的人拒絕了，難過得睡不著覺，又不知道要怎麼辦，只能是鬱鬱寡歡地熬了好幾天……

所以我的建議是，不要動不動就對那個已經很煩、很無助、很難過的孩子大吼大叫或者長吁短嘆了，考出那個成績，混成那個熊樣，他已經很難過、很無助了。

此時，你所有的責備都是落井下石，你所有的施壓都是雪上加霜。

親子關係一塌糊塗的主要原因是，做父母過於霸道，並充滿了偏見，誤以為生養了孩子就是孩子的主宰，就能高高在上地對他頤指氣使，就可以不管潮流的變化，不問孩子的真實想法，不管孩子的喜好，覺得只要養活了孩子，孩子就理應對自己言聽計從。

說句不好聽的，這哪是養孩子，更像是養狗。

與其跟孩子強調你為了他有多辛苦，不如抽出一點點空閒陪他聊聊天。與其用發脾氣的方式脅迫他上進，不如心平氣和地問他最近為什麼不開心。生活確實不容易，可這不是孩子的錯；扛住的確很難，可那是為人父母的責任。生活的艱難不是你的孩子造成的，也不是孩子能承受的，也不該成為孩子在犯錯、失意時，加重孩子負罪感的理由。

孩子沒有能力消化這份巨大的罪惡感，只能在自責和不安中，越來越厭惡自己，也越來越恨世界。

而一次次的情緒累計，一次次的失望疊加，會讓他越來越確信：自己就是不好，世界就是不值得愛。

對孩子來說，最恐怖的不是位居人後，不是窮困潦倒，而是父母任由自己在黑暗中倒下去，非但沒有伸出援手，反而還要當頭棒喝。

在無力、無助和無望的「三無」世界裡，孩子最需要的，是你承認他的努力，感知他的情緒，引導他面對成長這場戰役。

怕就怕，你所謂的「為了孩子好」反倒成了逼死孩子的重要因素，你以為的「給孩子最好的」反倒成了逼瘋孩子的主要原因。

希望你的孩子在把東西弄壞了之後，第一反應不是「完了，我爸一定會殺了我」，而是，「看來我需要打個電話給我爸」。

希望你的孩子在考砸了之後，第一反應不是「死定了，回家又得挨罵」，而是，「好想和媽媽一起散散心啊」。

希望你的孩子在失戀之後，第一反應不是「唉，肯定又得被他們說『活該』」，而是，「嘿嘿，以後電影票都歸我老爸買」。

希望做家長的都能明白，如果你的孩子真有選擇出生在誰家的機會，你其實是沒什麼競爭力的。在你強調自己為了孩子所做的諸多辛苦時，你也應該感激孩子的不曾嫌棄。

2

想起一個女生的私訊，同樣是沒有任何鋪陳，一上來就扔出了三個冰冷的問題：

「真的會有人對被帶到這個世界上心懷感激嗎？」

「為人父母，為什麼只是考慮他們要不要孩子，卻從不想一下孩子願不願意讓他們這樣的人當自己的父母？」

「或者至少想一想：『像自己這樣的人做孩子的父母，會不會讓孩子失望啊？』」

我回了三個「問號」，她這才開始講述自己的「悲慘人生」。

在她五歲那年，創業成功的父母卻離婚了，她被判給了強勢且刻薄的媽媽，到如今二十四歲，她被迫接受了將近二十年的「仇恨教育」。

因為媽媽天天強調「男人沒有一個好東西」，所以她做好了一輩子都不談戀愛的打算。

因為媽媽總對她說「要處處防人」，所以她不敢跟任何人走得太近。

她曾想過告訴媽媽，說她沒什麼朋友，說她很自卑，可每次一開口，就聽見媽媽的咆哮：「怎麼就你事那麼多？」

她曾想跟媽媽分享學校裡的開心難過，可才說了開頭，媽媽就會挑著自己的毛病使勁戳，指責自己這裡不對、那裡不好，卻從來沒有告訴她怎麼做才算好。

她說從小到大，媽媽對她的要求就是必須要強，所以每當她跟人示弱的時候，媽媽就會說她是「沒用的東西」，所以直到現在，她也很少有勇氣去求人幫忙。

她說一聽見媽媽的聲音就像是噩夢一樣，所以她現在很努力，只有一個目的，那就是離開這座城市，更準確地說，是離開媽媽。

她問我：「為什麼偏偏讓我遇上這樣的媽媽，為什麼她不用考試就可以成為媽媽？她總是用『把你生下來多不容易』、『養你多不容易』來逼我放棄反抗，可她問過我嗎？我根本不想被這樣的媽媽生出來啊！」

我回覆道：「我沒資格勸你原諒，我只能勸你『先放一放』，不要反覆咀嚼父母的錯誤和曾經受的痛苦，要把精力用在過好眼前的日子，做好手邊的事，然後盡快實現經濟上和精神上的獨立。」

我想說的是，雖然你沒有辦法選擇父母，但你的人生還有的選。

可能父母與人的相處模式並不融洽，但你與別人的相處模式是由你決定的。

可能父母的人生態度並不樂觀，但你自己的生活態度是可以樂觀的。過去的經歷是你活得很難的原因，但同時也是你變得更好的動力！

沒有任何力量能讓你的父母回到童年去修復你的過去，但是，也沒有任何力量可以阻止你去過好每個今天。

這肯定會很難。在一個不和睦的家庭長大的孩子，自我性格完善的修行之路要更長、更坑窪不平。別人很容易就能做到的情緒穩定或者積極向上，你卻要經歷無數反覆、自暴自棄與自我厭惡才能做到。

但是別放棄，這是你的一生，僅此一次的一生。

3

在一個不幸的家庭中長大的孩子有多慘呢？

我聽過一個讓人非常心疼的回答：活得就像一個父母雙全的孤兒！

他會習慣性地自卑、敏感、膽怯，會主動示弱、主動照顧別人的情緒和感受，因為從小到大都活得小心翼翼的，所以委屈自己、勉強自己就變成了「應該的」。

他一輩子都在尋找愛，把朋友、戀人、伴侶、孩子當作人生的救命稻草，抓住了一個就絕不鬆手。

他不敢跟父母溝通，也不想溝通，就算他內心非常渴望被人關心和理解。

他甚至不想再看見自己的父母，也不想再為父母流一滴眼淚，即便父母把畢生最好的東西都給了他。

結果是，父母與子女之間的愛也出現了：「愛到願意為對方去死」、「非常愛」、「比較愛」、「一般愛」、「不愛」、「討厭」、「恨」、「恨不得對方去死」等不同的等級。

現實當中，越是混得差的父母，就越喜歡跟孩子強調「養育之恩」。因為他自己活得很辛苦，還要對孩子付出，就會覺得自己付出得太多了，太辛苦了，就會非常委屈，孩子稍微沒有順從他們的意思，他們就會暴怒。

孩子混好了，他們就覺得這是他們的功勞；孩子沒混好，他們就會說：「我怎麼生了你這麼個東西！」

更糟糕的是，這種不健康的家庭關係，就像高速公路上的連環追尾事故，其惡劣的影響會代代相傳。

我不只一次聽到男生女生的抱怨，說自己的父母根本就不懂自己，不愛自己。當然也不只一次聽到家長的抱怨，說孩子不懂感恩，不理解父母。

其實，父母與子女之間的代溝，正是由於仗著自己有經驗優勢的家長和仗著自己有年輕優勢的子女共同挖掘的。

子女不屑於父母的不變通，父母則惱怒於子女的叛逆。雙方都有著自己的堅持和情緒，虎視眈眈地對峙在「代溝」的兩邊，既不溝通，也不和解。

想對家長們說三點：

(1) 不要頻繁地對孩子說「誰誰怎樣了不起」或者「誰誰比你強多了」。對孩子來說，這些全是傷害，發揮不了任何的激勵效果。更好的激勵是，你和他都相信「孩子可以」，而不是再三提醒他不如誰。

(2) 有話好好說。每一次你告訴你的孩子「我兇你，是因為我愛你」，就是在變相地「幫」他混淆了憤怒與愛意，等他長大之後，他就會愛那個傷害他的人，傷害那個愛他的人。因為那個人看起來跟你很像。

(3) 家是花盆，而子女是種子。花盆的用途在於為種子提供一個安心成長的空間，而不是指揮種子應該結出什麼果子來。

因為站在孩子的立場來看：「你是很愛我，但你一點都不喜歡我！」

開明的親子關係，就是父母可以提要求，但允許子女不聽，子女不會因為父母提了要求就嫌他們煩，父母也不會因為子女不聽話就指責他不孝；就是子女的各種感受、想法、意見，可以在父母那裡安全且自由地流動；就是父母給出意見時，沒有居高臨下的「必須怎樣」，沒有未經商量的「只能這樣」，沒有試圖掌控的「你還想怎樣」。

5 聰明的極致是可靠，好看的極致是清白

1

曾聽過一個老闆說，他手下有個老員工，能力還行，就是喜歡占便宜。平時吃飯只點便當，一趕上加班就點海鮮（因為能報銷）。老闆早就知道，但什麼都沒說，只是這麼多年，這位老員工一直都升不上去。

這個老員工永遠都不會明白，自己的仕途如此坎坷僅僅是因為幾盒外送。

曾聽過一個孩子媽媽說，她家之前用市場價兩倍的價格請過一個保姆，本打算一直合作到寶寶上小學的。但孩子媽媽突然發現，這個保姆喜歡順手拿走家裡的小東西，比如衛生紙、湯匙。保姆肯定以為沒有人能注意到，但巧在孩子媽媽是個過目不忘的人，她沒有挑明了說，只是借「全家要出去玩幾個月」的理由讓保姆很自然地離開了。

這個保姆永遠都不會知道，失去一份待遇頗豐的工作僅僅是因為幾包衛生紙。

事實上，人類的小聰明根本就藏不住，畢竟，大部分人類躲貓貓還停留在幼稚園中班的水準。

要小聰明最嚴重的後果不是被人揭穿，而是沒人揭穿。

所以他們永遠不知道自己為什麼不被重用，永遠不清楚自己為什麼運氣不好，永遠搞不懂為什麼遇不到貴人……

他們以為的「聰明」，不過是張口就來的謊言、裝模作樣的努力，打的不過是別人不抬眼睛就能看穿的算盤罷了。

切記，讓人放心，這比什麼都重要；如果做人不行，那什麼都不重要。

2

陪朋友去拜見了一位超厲害的插畫家，他把我倆領進畫室之後，就說：「抱歉，有一幅畫就剩收尾了，你們能等我一下嗎？」我倆點頭之後，他就在畫前忙碌了起來。

後來的交談中我才知道，這幅畫他已經花了一個星期。

朋友問插畫家：「你畫得已經很好了，為什麼還要花那麼多時間去修改？修改的工作為什麼不交給你的團隊去做？」

插畫家的回答非常務實：「客戶可沒有外行人，哪一筆畫得好不好，是誰畫的，他們一眼就能看出來。」

拜訪之後，朋友就決定以後的作品都找這位插畫家，即便他的報價比別人貴好多倍，即便要排隊等好多天，即便交稿的週期比別人要長好幾倍。

我笑問朋友「如此大方」的原因，他的回答也非常務實：「他做事，我放心。」

做事讓人放心的人，他不允許自己糊弄，所以他說話坦蕩且硬氣，做事認真且盡力。

給人的感覺是，你花在他身上的每一分錢，他都不會浪費。

對普羅大眾而言，職場的路沒有捷徑可言，不要耍小聰明，不要想抄近路，不要想著怎麼把自己「擇乾淨」。

先讓自己「可靠」起來，包括能力上的出眾、情緒上的穩定、人格上的獨立……這樣才有可能逮住稍縱即逝的機會，才有可能遇到所謂的「貴人」，而不是空有滿腔熱血卻無用武之地，然後淒淒慘慘地說自己生不逢時。

如果你天賦一般，那就接受自己的笨拙，在技能方面多花點時間，在待人接物方面多用點誠意，那麼你出人頭地是早晚的事。

怕就怕，笨人偏要耍聰明。

比如，漂亮的話一套接著一套，但常常是說一套做一套。

比如，每次踩低別人都會故作姿態地發表聲明「我這完全是就事論事」。

又比如，動不動就喊出一些他自己都不信的誓言，給出一些他根本就無法保證的承諾。

這種人給人的感覺就像是牆上掛的冒牌牌匾，頭像畫的是李白，文字內容源自普希金，落款卻是蘇軾。

與這樣的人共事，你根本就不會有安全感。你會忍不住提醒他注意這個、注意那個，因為只要你不提，他肯定會出錯。

可即便如此，你還是得提心吊膽地過每一天，因為他隨時都有可能拉你去填坑。

所以，如果尚在人間，就不要鬼話連篇。要做個落落大方的人，是純而不蠢的那種，而不是蠢而不純的那種。

大多數人並非受不了委屈，也不是吃不了虧，而是受不了「你把我當傻子」。

你試圖利用我，你的某句言語讓我感覺到不尊重，你把小聰明用到我的身上。我可能不會拆穿，但我已經在心裡偷偷地給你打叉、扣分，直到這段關係自動終止。

很多老闆可能會奇怪：「為什麼可靠的員工越來越難找了？」那是因為，可靠且便宜的員工是不存在了，「可靠」本身就意味著價格不菲。

很多員工可能會抱怨：「主管總是把吃力不討好的任務丟給聽話、能吃苦、能幹活的人，但好處總是給那些和主管私交好、會拍馬屁、會吹牛，以及那些主管覺得難纏、不願意惹的人。」

而我想提醒你的是，如果你一直認真下去，你就會發現，主管能給的好處中，利益最大的還是給你了。

對你個人來說，更大的好處是，你在不知不覺中已經能獨當一面了。

可靠之所以難，是因為做一天好人容易，保持三分鐘熱度容易，在某個公開的場合表現良好容易，在沒有得勢的時候強調人人平等容易……

難的是，在沒有人看見的地方依然很有教養，在麻煩纏身的時候也依然意志堅定，在和討厭的人合作時也能交出讓人滿意的答案卷，在聒噪的環境中仍舊保持獨立思考，在鼓勵謊言的場合仍然選擇誠實，在擁有權力的時候仍然懂得尊重別人。

在感情中變得可靠的做法是：給對方沒有壓力的陪伴，給對方沒有條件的信任，給對方看得見的在乎。

在社交中變得可靠的做法是：不當眾誇讚自己，不添油加醋地在背後說人壞話，在人之上時把人當人，在人之下時把自己當人。

在職場中變得可靠的做法是：先完成，再完美；先解決問題，再解決情緒；先讓自己值錢，再想怎麼賺錢。

切記，任何一種關係，一旦開始玩腦子，就沒勁了。

3

某個甜蜜的日子，我發了一則微博：「假如生活欺騙了你，不要悲傷，不要心急，沒有對象的日子裡更需要可樂和炸雞，相信吧，單身的日子還長著呢。」

沒多久，桃子小姐就傳了一長串的「哈」給我。我提醒她「趕快吃藥」，結果她傳了一張與前任聊天的截圖給我。

圖片的右邊是她傳的兩則三十多秒的語音訊息，第三句是她說的「這種感覺你能理解嗎」。

而前任的回答很簡潔：「啊！這也太那個了吧。」

我：「不懂。」

她：「我傳的是空白語音，他假裝聽完了，還附和我。」

我：「就因為這個分手？」

她：「如果一個月有五十件這樣的裝模作樣的事情呢？我一個人原本可以活得很好。可他呢，不想送傘卻總是問『要不要傘』，不能陪我吃飯卻總問『餓不餓』，不打算買給我卻不停地問『想不想要』。」

原來，比絕望更讓人絕望的是那些早就聽厭了的希望。

所以，不要輕易給了人希望，又輕易辜負了別人的期待。

上司把最重要的任務交給你，真的就是認定了只有你能做得最好，所以不要一邊享受著被重用的榮耀，一邊用渾水摸魚的方式浪費大家的時間。

朋友跟你分享最深的祕密，真的就是到了他無法獨自承受的地步，所以選了最被他信任的你，你不能利用這份真心去換取其他人的信任。

戀人把假期都留給了你，是真的相信你說的「下次帶你去吃」、「下次帶你去玩」、「下次帶你去看」，如果你根本沒有那個打算，你可以不承諾。對方聽到承諾時有多開心，以後就有加倍的傷心。

承諾這種東西，張嘴很簡單，但兌現很難，就像是把手推車裝滿很容易，但結帳很難。

那麼你呢？

進行一件事情，你會半途而廢嗎？一樣東西用完之後，你會放回原地嗎？別人跟你說了一件事，你辦不辦，都一定會回覆嗎？如果當時不能及時回覆，在你能回覆的時候，你會解釋一下上次不回覆的原因嗎？

我的建議是：

如果有人找你聊天，你說「等一下聊」，那忙完了之後就要問問他有什麼事要說。

如果有人拉你入夥，你說「想一想」，那想好了要告訴對方一個結論。

如果有人追你，你說「考慮一下」，那考慮好了要給出一個明確的答覆。

如果戀人給你看了一張美食、美景的照片，你說「下次帶你去」，那就要把這件事情列入行程之中。

如果跟朋友見面時隨口提了「我介紹個朋友給你」、「我幫你介紹個工作」，之後要及時給人回饋。

所謂可靠就是：做事有首尾，做人有誠信。

很多人喜歡把口頭承諾當客套話用，熱熱鬧鬧地講出來，但從未想過兌現。於是，越來越多的人都習慣了「這種話不必當真」。

可是，一定有那麼幾個人，在說了類似的客套承諾之後，兌現得既準時，又認真。

比如，「明天打電話給你」，然後第二天真的打了；「下週一起吃飯」，然後下週真的約你了。

還有說了「我去洗澡了」之後又跟你說「我洗完了」，在「我要去吃飯了」之後又跟你說「我吃完了」，在「有事在忙」之後又跟你說「我忙完了」，在「到家了打電話給你」之後真的打電話告訴你「我到家了」……

因為有了這些後續，那個人就像是重新出現在你面前了，一邊對著你笑，一邊對你招手說：「我的事情都弄完了，我們可以繼續聊天啦。」

所以，想清楚了再承諾，不要動不動就發毒誓，如果不能兌現承諾就遭雷劈，就被車撞，就斷手斷腳，那就意味著：保險公司要莫名其妙地賠你一大筆錢，父母要含辛茹苦地照顧你下半輩子，一家人要因為你的失約而賠上身家性命……

發毒誓並不能增強可信度，它只會暴露你的自私和不負責。反正我的個人偏見是：所有愛發毒誓的人都是自私鬼！

切記，承諾是鞭子，不是興奮劑。

4

有個高三的學生，她的父母因為意外都癱瘓在床，一家人的生計都成了問題。

有好心人打電話給她：「只要你能考上大學，以後你的學費、生活費都由我來出。」

後來，大學考成績公佈了，她向好心人報喜：「叔叔，我考上了。」

好心人對她說：「恭喜你，給我一個帳號，我這就轉帳給你。」

結果她說：「我只是來告訴你一聲，不是來要錢的，已經有人捐助我了。」

好心人愣住了，他說：「你完全可以從我這裡再拿一份捐助的，沒有人會知道的，就算知道也沒關係，畢竟你家裡那麼缺錢！」

結果這個學生說：「爸爸從小就教育我：人但凡有一次不要臉，就會有兩次、三次，所以一次都不能不要臉。」

一開始讓人舒服的，常常是長相和語言；但一直讓人舒服的，一定是教養和人品。

人哪，不僅要有肉體上的羞恥，還要有精神上的羞恥，就像靈魂也需要穿衣服。

這樣的人根本就「奸」不起來，也「渣」不起來，因為他的家教、三觀、經歷、職業道德、自我要求會在誘惑出現時一起呵斥他「那樣不行」，會在壞心思出現之前就警告他「那樣不對」。

你只要做了一次假，騙過一次人，就算別人原諒了你，但在之後相處的過程中，無論你把話說得多漂亮，總會有人記得「這個人騙過人」、「這個人造過假」。你不能怪別人不寬容，你只能怪自己不誠實。

再多的掩飾都擦不掉道德上的污點。這就好比說，即便是套上了垃圾袋，也沒有人會覺得垃圾桶是乾淨的。

人心就像一個高科技產品，一旦它察覺到了一丁點的不誠實、不可靠，就會自動鎖死。而那些原本向你靠攏的機會、運氣、財富、好感也都會在瞬間消失。

5

不可靠的人有很多，尤其需要小心這四類：

(1) 只說好處卻不談風險的人。他們的目標就是挖坑等你跳，所以不要迷戀成功者的傳奇，有空多去逛逛失敗者的墓地。

(2) 機關算盡卻又故作天真的人。要聽他說了什麼，更要看他做了什麼。如果一個人極力宣揚他自己都不信的東西，那他就是做好了幹任何壞事的準備。

(3) 在小團體裡拉幫結派的人。小團體裡最可怕的就是那種有意讓你和其他人都不好，卻讓每個人都跟他好的那種人。

(4) 趨炎附勢的人。在你得勢的時候猛貼過來的人，一般也會在你落魄的時候倒打一耙。在你面前聊別人八卦的人，一般也會在別人面前說你的是非。

人性的醜陋之處就在於：凡是媚上的人，必定欺下；凡是善於奉承的人，一定精通誹謗。

一個可靠的人應該是這樣的：

不要在快樂的時候承諾，不要在生氣的時候做決定，不要在迷茫的時候選擇更容易的路，不要在自己做決定後把責任推到別人身上，不要把眼前的幸福視為理所當然。

在困難面前會做最壞的打算，但會盡最大的努力；在失敗面前會認真檢討自己，而不是有意推卸責任。

允許自己羨慕別人，但還是會真心地為別人的成功鼓掌；不懷疑自己經過深思熟慮得出的結論，但有耐心聽完別人的不同意見；在給出評價之前，能站在對方的立場上通盤考慮；在做出承諾之前，能記得自己曾對承諾失望過。

即使認識到了自身的渺小和卑微，依然不放棄自身應盡的責任和義務；即使歷經世間的坎坷與忐忑，仍然堅守人性的純善與美好。

我的建議是，做事就踏踏實實地下真功夫，做人就誠誠懇懇地付出真心，盡力去爭取卓爾不群，同時也盡力去避免德不配位。

最後，祝你不缺錢，也不缺德。

高寶書版集團
gobooks.com.tw

高寶文學 078
大人的世界沒有容易二字

作　　者　老楊的貓頭鷹
責任編輯　陳柔含
封面設計　林政嘉
內頁排版　賴姵均
企　　劃　何嘉雯

發 行 人　朱凱蕾
出　　版　英屬維京群島商高寶國際有限公司台灣分公司
　　　　　Global Group Holdings, Ltd.
地　　址　台北市內湖區洲子街 88 號 3 樓
網　　址　gobooks.com.tw
電　　話　(02) 27992788
電　　郵　readers@gobooks.com.tw（讀者服務部）
傳　　真　出版部　(02) 27990909　行銷部 (02) 27993088
郵政劃撥　19394552
戶　　名　英屬維京群島商高寶國際有限公司台灣分公司
發　　行　英屬維京群島商高寶國際有限公司台灣分公司
初版日期　2022 年 8 月

原書名：成年人的世界沒有容易二字
中文繁體版通過成都天鳶文化傳播有限公司代理，由果麥文化傳媒股份有限公司授予英屬維京群島商高寶國際有限公司台灣分公司獨家出版發行，非經書面同意，不得以任何形式複製轉載。

國家圖書館出版品預行編目 (CIP) 資料

大人的世界沒有容易二字 / 老楊的貓頭鷹著 . -- 初版 . -- 臺北市：英屬維京群島商高寶國際有限公司臺灣分公司 , 2022.08
面；　公分 . -- (高寶文學：078)

ISBN 978-986-506-469-3(平裝)
1.CST: 成功法 2.CST: 生活指導

177.2　　111009530